Introdução ao Estudo do Direito

Doutrina do Direito

"O livro é a porta que se abre para a realização do homem."
Jair Lot Vieira

IMMANUEL
KANT

INTRODUÇÃO AO ESTUDO DO DIREITO

DOUTRINA DO DIREITO

Tradução • Textos adicionais • Notas
Edson Bini

INTRODUÇÃO AO ESTUDO DO DIREITO
DOUTRINA DO DIREITO

IMMANUEL KANT

1ª Edição 2007

Supervisão editorial: *Jair Lot Vieira*
Produção editorial: *Alexandre Rudyard Benevides ME*
Tradução, textos adicionais e notas: *Edson Bini*
Capa: *Equipe Edipro*

Nº de Catálogo: 1376

Dados de Catalogação na Fonte (CIP) Internacional
(Câmara Brasileira do Livro, SP, Brasil)

Kant, Immanuel, 1724-1804
   Introdução ao estudo do direito : doutrina do direito / Immanuel Kant / tradução, textos adicionais e notas Edson Bini / Bauru, SP: EDIPRO, 2007. (Série Clássicos Edipro)

Título original: *Rechtslehre*

ISBN 978-85-7283-594-7

1. Direito - Filosofia   2. Direito – Teoria   3. Direito natural   4. Ética   5. Metafísica   6. Usos e costumes   I. Título.

07-2362   CDU-340.12

Índices para catálogo sistemático:
1. Direito : Doutrina : Filosofia : 340.12

edições profissionais ltda.
São Paulo: Fone (11) 3107-4788 – Fax (11) 3107-0061
Bauru: Fone (14) 3234-1104 – Fax (14) 3234-4122
edipro@edipro.com.br

Sumário

Apresentação 11

Nota do Tradutor 13

Cronologia 15

PRINCÍPIOS METAFÍSICOS DA DOUTRINA DO DIREITO 19

   PREFÁCIO 21

   INTRODUÇÃO À METAFÍSICA DOS COSTUMES 27

      I - Da idéia e da necessidade de uma metafísica dos costumes 27

      II - Da relação entre as faculdades da mente humana e as leis morais 30

      III - Conceitos preliminares da metafísica dos costumes (*Philosophia practica universalis*) 34

      IV - Da divisão de uma metafísica dos costumes 41

   INTRODUÇÃO À DOUTRINA DO DIREITO 45

      Parágrafo A: O que é a Doutrina do Direito? 45

      Parágrafo B: O que é o Direito? 45

      Parágrafo C: O princípio universal do Direito 46

      Parágrafo D: O Direito está ligado à competência de exercer coerção 47

      Parágrafo E: Um direito estrito pode também ser representado como a possibilidade de um uso inteiramente recíproco de coerção que é compatível com a liberdade de todos de acordo com leis universais 48

Apêndice à Introdução à Doutrina do Direito 49

Do direito equívoco (*Ius aequivocum*) 49

I - Eqüidade (*Aequitas*) 50

II - O direito de necessidade (*Ius necessitatis*) 51

Divisão da Doutrina do Direito 52

A) Divisão geral dos deveres de direito 52

B) Divisão geral dos direitos 53

Só há um direito inato 53

Divisão da metafísica dos costumes como um todo 55

Divisão de acordo com a relação objetiva da lei com o dever 56

Divisão de acordo com a relação do sujeito que impõe obrigação com o sujeito submetido à obrigação 56

Da divisão da moral como um sistema de deveres em geral 57

A DOUTRINA UNIVERSAL DO DIREITO 59

Parte I - DIREITO PRIVADO 61

Capítulo I - Como ter alguma coisa externa como sua 61

§ 1 61

§ 2 - Postulado da razão prática no que tange aos direitos 62

§ 3 63

§ 4 - Exposição do conceito de objetos externos que são meus ou teus 64

§ 5 - Definição do conceito de objetos externos que são meus ou teus 65

§ 6 - Dedução do conceito de posse meramente jurídica de um objeto externo (*possessio noumenon*) 66

§ 7 - Aplicação a objetos da experiência do princípio de que é possível para alguma coisa externa ser minha ou tua 68

§ 8 - É possível ter alguma coisa externa como sua somente numa condição jurídica, sob uma autoridade que legisla publicamente, ou seja, numa condição civil 71

§ 9 - Em um estado de natureza, alguma coisa externa pode realmente ser minha ou tua, mas apenas provisoriamente 71

Capítulo II - Como adquirir alguma coisa externa 73

§ 10 - Princípio geral da aquisição externa 73

Seção I - Do direito de propriedade 75

§ 11 - O que é o direito a uma coisa? 75

§ 12 - A primeira aquisição de uma coisa pode ser somente a aquisição de terra 76

§ 13 - Qualquer pedaço de terra pode ser adquirido originalmente, e a possibilidade de tal aquisição está baseada na comunidade original da terra em geral 77

§ 14 - Na aquisição original, o ato requerido para estabelecer um direito é o apoderamento (*occupatio*) 78

§ 15 - Alguma coisa pode ser adquirida definitivamente apenas sob uma Constituição civil; em um estado de natureza também pode ser adquirida, mas somente provisoriamente 79

§ 16 - Exposição do conceito de aquisição original da terra 81

§ 17 - Dedução do conceito de aquisição original ... 82

Seção II - Do direito contratual 85

§ 18 85

§ 19 86

§ 20 88

§ 21 89

Seção III - Do direito pessoal que tem afinidade com o direito a coisas 91

§ 22 91

§ 23 91

Do direito de sociedade doméstica 91

Título I - Direito matrimonial 91

§ 24 91

§ 25 92

§ 26 93

§ 27 94

Título II - Direito dos pais 94

§ 28 94

§ 29 96

Título III - Direito do chefe do lar 96

§ 30 96

Divisão dogmática de todos os direitos adquiríveis mediante contrato 98

§ 31 98

I - O que é o dinheiro? 101

II - O que é um livro? 104

Seção Episódica - Da aquisição ideal de um objeto externo da escolha 106

§ 32 106

§ 33 : I - Aquisição por posse prolongada 106

§ 34 : II - Herança (*Acquisitio hereditatis*) 108

§ 35 : III - Deixando atrás de si uma boa repu-tação (*Bona fama defuncti*) 109

Capitulo III - Da aquisição que é dependente subjetivamente da decisão de uma corte pública de justiça 111

§ 36 111

§ 37 : A) Do contrato para fazer uma doação 112

§ 38 : B) Do contrato de empréstimo 113

§ 39 : C) Da recuperação (*reintegração na posse*) de alguma coisa perdida (*vindicatio*) 115

§ 40 : D) Da aquisição de garantias por juramento (*cautio iuratoria*) 118

§ 41 - Transição do que é meu ou teu em um estado de natureza ao que é meu ou teu em uma condição jurídica em geral	120
§ 42	121

Parte II - DIREITO PÚBLICO 123

Seção I - Direito do Estado 123

§ 43	123
§ 44	124
§ 45	125
§ 46	126
§ 47	127
§ 48	128
§ 49	129
Observação geral: Dos efeitos jurídicos que se seguem da natureza da associação civil	131
A	131
B	136
C	138
D	141
E : Do direito de punir e conceder clemência ..	144
Da relação tocante aos direitos de um cidadão com sua pátria e com países estrangeiros	151
§ 50	151
§ 51	152
§ 52	153

Seção II - Direito das Gentes 155

§ 53	155
§ 54	156
§ 55	157
§ 56	158
§ 57	159
§ 58	160

§ 59	161
§ 60	162
§ 61	162
Seção III - Direito Cosmopolita	164
§ 62	164
Conclusão	165

Apêndice

Observações explicitativas sobre *Os Primeiros Princípios Metafísicos da Doutrina do Direito* 169

1. Preparação lógica para um conceito de direito recentemente proposto	170
2. Justificação do conceito do direito relativamente a uma pessoa aparentado ao direito a uma coisa	171
3. Exemplos	172
4. Da confusão de um direito a uma coisa com um direito relativamente a uma pessoa	174
5. Discussão complementar do conceito do direito de punir	175
6. Do direito de usucapião	176
7. Da herança	178
8. Do direito de um Estado no tocante às fundações perpétuas para seus súditos	179
A	180
B	180
C	182
D	183
Conclusão	183

GLOSSÁRIO	187
Observação e notas	189
Terminologia	191

APRESENTAÇÃO

A *Doutrina do Direito* (*Rechtslehre*) corresponde à primeira parte de *A Metafísica dos Costumes* (obra também presente em *Clássicos Edipro*). Foi publicada em separado provavelmente em janeiro de 1797.

Seu teor é constituído pela explicitação e aprofundamento de vários conceitos jurídicos que consubstanciam a concepção kantiana do direito.

Embora seja um texto capaz de respirar com pulmões próprios, dada à rigorosa metodologia adotada na reflexão de Kant, pode-se extrair um maior aproveitamento e melhor entendimento desse texto mediante uma leitura e apreciação prévias ou paralelas da *Crítica da Razão Pura* (obra que propõe o núcleo do criticismo), da *Crítica da Razão Prática*, da *Crítica do Juízo*, dos *Prolegômenos a toda Metafísica Futura* e dos *Fundamentos da Metafísica dos Costumes*.

Utilizamos como base para essa tradução a edição alemã de 1977 da *Suhrkamp Verlag*, a qual corresponde à edição de 1956 de *Insel-Verlag*, Wiesbaden. Essas edições, por seu turno, reportam-se diretamente às edições de 1797 e 1798.

Edson Bini

NOTA DO TRADUTOR

Há quase nada de literário em Immanuel Kant. *Seu texto exclui rigorosamente o recurso a incursões pouco legítimas à linguagem livre, formalmente rica e colorida, dos artistas da palavra, para expor sua filosofia.*

Ele se expressa, assim, de maneira segura e confiável, mas dura, seca, quase que asceticamente técnica. Se pensarmos que escreveu em alemão, um idioma já por si só estruturalmente enamorado da perfeição lingüística e distante das suavidades e debilidades típicas das línguas latinas, teremos um perfil razoável do texto kantiano.

Esforçamo-nos para traduzir a Doutrina do Direito *como fiéis servidores do autor, mas atentos ao espírito do seu texto no que respeita ao teor das idéias.*

O resultado, parece-nos, foi um texto denso, geralmente carente de beleza e graça, por vezes áspero e até um tanto avesso à elegância e leveza do nosso vernáculo. Mas afinal, o objetivo primordial e inarredável foi preservar Kant e seu pensamento na roupagem da palavra.

Que os leitores julguem esse esforço e manifestem suas opiniões quanto às suas falhas e imperfeições, para que possamos aprender e nos aprimorar sempre.

CRONOLOGIA

Nota:

Esta é uma cronologia sumária e básica, quase que restrita aos eventos e fatos envolvendo diretamente *Immanuel Kant*. Todas as obras sem a indicação do autor são da autoria de Kant.

1712 – Nasce Jean-Jacques Rousseau.

1724 – Nasce *Immanuel Kant* em Königsberg no leste da Prússia em 22 de abril.

1727 – Morre Isaac Newton.

1730-1732 – O menino Kant freqüenta a escola primária (*Vorstädter Hospitalschule*).

1732-1740 – Kant prossegue seus estudos no *Collegium Fridericianum* (instituição paroquiana pietista).

1740-1746 – Kant freqüenta a Universidade de Königsberg.

1747-1754 – K. atua como tutor particular de membros de famílias residentes próximo a Königsberg.

1755 – Morre Montesquieu. K. finda sua dissertação sob o título: "Exposição sucinta de algumas meditações sobre o fogo"; é graduado como doutor pela Faculdade de Filosofia da Universidade de Königsberg. K. expõe uma teoria astronômica em um trabalho intitulado "História natural universal e teoria dos céus". K. apresenta à Faculdade de Filosofia o artigo "Nova elucidação dos primeiros princípios de cognição metafísica".

| 16 | IMMANUEL KANT |
| EDIPRO | CRONOLOGIA |

1756 – Aparecem três tratados de K. sobre sismologia (em torno de um terremoto ocorrido em Lisboa).

1760 – Benjamin Franklin inventa o pára-raios.

1762 – Surge a obra *A falsa sutileza das quatro figuras silogísticas*.

1763 – Vem a lume *O único argumento possível em apoio de uma demonstração da existência de Deus*.

1764 – Publicação de *Dos Delitos e das Penas*, de Cesare Beccaria.

1764 – Aparecem *Observações acerca do sentimento do belo e do sublime* e também *Investigação concernente à distinção entre os princípios da teologia natural e a moral*.

1766 – Vem à luz *Sonhos de um vidente de espíritos elucidados por sonhos de metafísica*.

1770 – Kant é nomeado professor de lógica e metafísica na Universidade de Königsberg, o que enseja o aparecimento da dissertação *Da forma e princípios do mundo sensível e do inteligível*.

1774 – Aparecem os primeiros trabalhos de Lavoisier.

1778 – Morrem Voltaire e Rousseau.

1781 – *Crítica da Razão Pura*, primeira edição.

1783 – *Prolegômenos a toda metafísica futura*.

1784 – *Idéias rumo a uma história universal de um ponto de vista cosmopolita*; *Uma resposta à questão: o que é iluminismo?*

1785 – Kant executa uma revisão das *Idéias para uma filosofia da história da humanidade*, de Herder; *Fundamentos da Metafísica dos Costumes*.

1786 – Kant é eleito para a Academia de Ciências em Berlim; surge a obra *Início conjetural da história humana*; também *Fundamentos metafísicos da ciência natural*; ainda *O que é orientação no pensar?*

1787 – *Crítica da Razão Pura*, segunda edição.

1788 – *Crítica da Razão Prática*; *Do uso de princípios teleológicos em filosofia*.

1789-1791 – Realizada na França a Assembléia Constituinte.

1790 – *Crítica do Juízo*, primeira edição.

1793 – *Do adágio: que pode ser verdadeiro na teoria mas não tem uso prático*; *Crítica do Juízo*, segunda edição; *A Religião nos Limites da Simples Razão*.

1794 – Kant sofre censura do censor imperial; eleito no mesmo ano para a Academia de Ciências de São Petersburgo; publicação de *O fim de todas as coisas*.

1795 – *Da paz perpétua*.

1796 – Em julho desse ano, aos 72 anos, Kant dá sua última palestra.

1797 – Aparece *A Metafísica dos Costumes* (publicada separadamente no mesmo ano: primeiro a *Doutrina do Direito* e depois a *Doutrina da Virtude*); *Do pretenso direito de mentir por motivos benevolentes*.

1798 – *Antropologia de um ponto de vista pragmático*; *O conflito das faculdades* (obra da qual a Parte II é *Uma velha questão novamente suscitada: está a espécie humana constantemente progredindo?*).

1800 – *Lógica* é publicada.

1803 – Kant adoece; surge ainda sua obra *Pedagogia (Educação)*.

1804 – Morte de Immanuel Kant a 12 de fevereiro; seu sepultamento ocorre no dia 28 desse mês.

PRINCÍPIOS METAFÍSICOS DA DOUTRINA DO DIREITO

PREFÁCIO

A *crítica da razão prática* era para ser seguida por um sistema, nomeadamente a *metafísica dos costumes*, que se divide em princípios metafísicos da *doutrina do direito*[1] e princípios metafísicos da *doutrina da virtude*[2] (como a contraparte dos princípios metafísicos da *ciência natural*[3] já publicados).[4] A introdução que se segue apresenta e, em um certo grau, torna intuitiva a forma que o sistema assumirá em ambas essas partes.

No que toca à doutrina do direito, a primeira parte da doutrina dos costumes, requer-se um sistema derivado da razão que poderia ser chamado de *metafísica do direito*. Mas visto que o conceito de direito é um conceito puro que se baseia na prática (aplicação a casos que surgem na experiência), um *sistema metafísico* do direito teria também que considerar, em suas divisões, a diversidade empírica de tais casos, a fim de tornar completa a sua divisão (posto ser isto essencial à construção de um sistema da razão). Porém, não é possível submeter a uma divisão completa *aquilo que é empírico* e se isso for tentado (ao menos, em termos aproximativos), conceitos empíricos não podem ser introduzidos no sistema como partes integrais deste, podendo somente ser utilizados como exemplos em observações. Assim, o único título apropriado para a primeira parte de *A Metafísica dos Costumes* será *Princípios Metafísicos da Doutrina do Direito*, pois no que respeita à aplicação desses princípios a casos não se pode ter expectativas com o próprio sistema, mas apenas com uma aproximação dele. Em conformidade com isso, sua abordagem será como nos *Princípios Metafísicos da Ciência Natural*, a saber, o direi-

---

1. *Rechtslehre*. (n.t.)
2. *Tugendlehre*. (n.t.)
3. *Naturwissenschaft*, ou seja, a física. (n.t.)
4. Em 1786. (n.t.)

to pertencente ao sistema esboçado *a priori* estará contido no texto, ao passo que os *direitos* tomados de casos particulares da experiência serão encerrados em observações, que às vezes serão extensas; de outro modo, seria difícil distinguir aqui o que é metafísica do que é aplicação empírica dos direitos.[5]

Os tratados filosóficos são com freqüência acusados de serem obscuros, na verdade deliberadamente destituídos de clareza com o fito de afetar uma ilusão de profundo entendimento. Não há melhor forma de me prevenir ou remediar quanto a essa acusação do que prontamente me conformar a um dever que Garve,[6] um filósofo no autêntico sentido da palavra, estabelece para todos os escritores, mas especialmente para os autores de filosofia. Minhas únicas limitações são impostas pela natureza da ciência a ser retificada e ampliada.

Esse sábio exige com acerto (em sua obra *Vermischte Aufsätze*,[7] págs. 352 e segs.) que todo ensino filosófico possa ser popularizado (isto é, tornado suficientemente claro aos sentidos a ponto de ser comunicável a todos) sob pena do mestre tornar-se suspeito de estar desnorteado em meio às suas próprias concepções. É com contentamento que admito isso salvo unicamente pela crítica sistemática da própria faculdade da razão, juntamente com tudo que só pode ser estabelecido por meio dela, pois isto tem a ver com a distinção entre o sensível em nossa cognição e aquilo que é supra-sensível, mas ainda assim concernente à razão. Isso jamais pode ser popularizado – nenhuma metafísica formal o pode –, embora seus resultados possam ser tornados bastante esclarecedores para a razão saudável (de um metafísico inciente). A popularidade (linguagem comum) está fora de cogitação aqui, sendo imperioso, ao contrário, que se insista na precisão escolástica, mesmo que isto seja censurado como sutileza (posto que se trata da linguagem das escolas); pois somente por tal meio a razão precipitada será levada a entender a si mesma antes de realizar suas asserções dogmáticas.

Mas se os pedantes supõem dirigir-se ao público (dos púlpitos ou em escritos populares) mediante termos técnicos exclusivamente concernentes às escolas, o filósofo crítico não é mais responsável por isso do que o é o gramático pela insensatez daqueles que produzem sofismas com as palavras (*logodaedalus*). Neste caso o ridículo só toca ao homem, não à ciência.

---

5. *Rechtspraxis* (n.t.)
6. Christian Garve (1742-1798) ministrou cursos de filosofia em Leipzig. (n.t.)
7. *Miscelâneas.* (n.t.)

Soa arrogante, presunçoso o depreciar dos que ainda não renunciaram ao seu velho sistema, asseverando que antes da chegada da filosofia crítica não havia filosofia alguma. A fim de decidir acerca desta aparente presunção, basta indagar *se poderia haver realmente mais do que uma filosofia*. Não só tem havido distintas formas de filosofar e de remontar aos primeiros princípios da razão, com a finalidade de fundamentar neles um sistema, com maior ou menor êxito, como também era mister que houvesse muitos experimentos desse gênero, cada um destes tendo feito sua contribuição à filosofia hodierna. Contudo, visto que se o considerarmos objetivamente, pode haver somente uma razão humana, não pode haver muitas filosofias; em outras palavras, só pode haver um sistema verdadeiro de filosofia a partir de princípios, a despeito de muitas formas diferentes e mesmo conflitantes em que se tenha filosofado sobre uma e mesma proposição. Assim, o *moralista* diz acertadamente que há apenas uma virtude e uma doutrina da virtude, ou seja, um único sistema que por meio de princípios conecta todos os deveres morais; o *químico*, que há uma única química (a de Lavoisier);[8] o *professor de medicina*, que há um único princípio para a classificação sistemática das doenças (o de Brown).[9] Embora o novo sistema exclua todos os demais, não atua como detrator dos méritos dos anteriores moralistas, químicos e professores de medicina, uma vez que sem suas descobertas e mesmo suas tentativas malogradas não teríamos atingido aquela unidade do princípio verdadeiro que unifica o todo da filosofia em um sistema. Assim, quem quer que anuncie um sistema filosófico como sua própria obra diz, com efeito, que antes dessa filosofia não havia nenhuma, pois se ele se dispusesse a admitir que tinha havido uma outra (e verdadeira), haveria então duas filosofias diferentes e verdadeiras versando sobre o mesmo objeto de estudo, o que é contraditório. Se, por conseguinte, a filosofia crítica qualifica a si mesma como uma filosofia antes da qual não houve, de maneira alguma, qualquer filosofia, não faz mais do que o que foi feito, será feito e, em verdade, tem que ser feito por qualquer um que esboça uma filosofia segundo projeto próprio.

A censura de que algo que caracteriza essencialmente a filosofia crítica não lhe é original, mas foi, talvez, emprestado de uma outra filosofia (ou da matemática) seria menos grave, porém de modo algum desprezível. Um revisor em Tübingen[10] afirma ter descoberto que a definição de

---

8. Antoine Laurent Lavoisier (1743-1794). (n.t.)
9. John Brown (1735-1788), médico escocês. (n.t.)
10. Provavelmente Johann Friedrich Flatt. Kant refere-se a ele no prefácio à *Crítica da Razão Prática*. (n.t.)

filosofia que o autor da *Crítica da Razão Pura* apresenta como sua própria e não desconsiderável descoberta fora formulada muitos anos antes por uma outra pessoa quase com as mesmas palavras.[11] Deixo a critério de qualquer indivíduo julgar se as palavras *intellectualis quaedam construtio* poderiam ter produzido a idéia *da apresentação de um dado conceito numa intuição* a priori, a qual de imediato distingue completamente a filosofia da matemática. Estou certo de que o próprio Hausen[12] não teria permitido que suas palavras fossem interpretadas dessa maneira; pois a possibilidade de uma intuição *a priori* – e este espaço é uma intuição *a priori* e não (como o explica Wolff)[13] uma justaposição de uma variedade de itens exteriores entre si e dados meramente à intuição empírica (percepção) – já o teria intimidado, uma vez que ele teria sentido que isso o estaria levando a se enredar em investigações filosóficas de amplas conseqüências. A este arguto matemático a apresentação feita, *por assim dizer*, por meio do entendimento nada mais significava do que um traçado (empírico) de uma linha correspondente a um conceito, no qual se presta atenção apenas na regra, fazendo-se abstração de desvios inevitáveis na sua execução, como pode também ser percebido em igualdades construídas na geometria.

No que tange ao espírito da filosofia crítica, a consideração minimamente importante é o dano que certos imitadores dela provocaram mediante o uso de alguns de seus termos, os quais na própria *Crítica da Razão Pura* não podem ser devidamente substituídos por vocábulos mais costumeiros fora da *Crítica* no intercâmbio público de pensamentos. Isto certamente merece ser condenado, ainda que o condenando, Nicolai se guarda de julgar se é possível prescindir inteiramente de tais termos em seu próprio campo, como se eles fossem usados em todos os lugares meramente para ocultar a pobreza de pensamento. Entrementes, é mais divertido rir de um pedante impopular do que de um ignorante não críti-

---

11. *Porro de actuali constructione hic non quaeritur, cum ne possint quidem sensibiles figurae ad rigorem definitionem effingi; sed requiritur cognitio eorum, quibus absolvitur formatio, quae intellectualis quaedam constructio est.* (*) C. A. Hausen, *Elem. Mathes. Pars I*, p. 86A (1734). [(*) Ademais, o que se acha em questão aqui não é uma construção real, visto que figuras sensíveis não podem ser concebidas de acordo com o rigor de uma definição; o que se requer é, ao contrário, cognição daquilo que cabe para constituir a figura e, isto é, por assim dizer, uma construção feita pelo intelecto. (n.t.)].

12. Christian August Hausen (1693-1745): autor dos *Elementa matheseos* e professor de matemática em Leipzig. (n.t.)

13. Christian Wolff (1679-1754), um dos filósofos do qual Kant foi inicialmente discípulo. A explicação de Wolff à qual Kant alude encontra-se na obra *Ontologia* do primeiro. (n.t.)

co (pois, de fato, um metafísico que se prende obstinadamente ao seu próprio sistema, desatento de qualquer crítica, pode ser classificado como um ignorante não crítico, mesmo que este arbitrariamente ignore o que não deseja deixar difundir-se, visto que não pertence a sua escola de pensamento mais antiga). Mas se for verdadeiro, como assevera Shaftesbury,[14] que a capacidade de uma doutrina de resistir ao ridículo não é uma má pedra de toque de sua verdade (especialmente no caso de uma doutrina prática), então será forçoso finalmente, ao chegar a vez da filosofia crítica rir, que ria por último e, assim, ria melhor ao contemplar os sistemas daqueles que por muito tempo gargantearam ruírem como castelos de cartas um após o outro e seus adeptos dispersarem, destino para eles inevitável.

Rumo ao fim do livro laborei menos minuciosamente, do que se poderia esperar em torno de certas seções, se compararmos com as anteriores, em parte porque parece-me que podem ser facilmente inferidas das anteriores e, em parte, também, porque as seções posteriores (que tratam do direito público) são atualmente objeto de muita discussão e, ainda, tão importantes que podem muito bem justificar que se postergue por algum tempo um parecer decisivo.

Espero ter o texto dos *Princípios Metafísicos da Doutrina da Virtude* pronto em breve.[15]

---

14. O terceiro conde de Shaftesbury, cujo nome era Anthony Ashley Cooper (1651-1713). (n.t.)
15. Ver a *Apresentação* do tradutor. (n.t.)

QUADRO DA DIVISÃO DA DOUTRINA DO DIREITO

PARTE I

Direito Privado no que toca aos objetos externos

(A soma das leis que não precisam ser promulgadas)

Capítulo I – Como ter alguma coisa externa como sua

Capítulo II – Como adquirir alguma coisa externa

Divisão da aquisição externa

Seção I – Do direito de propriedade

Seção II – Do direito contratual

Seção III – Do direito pessoal que tem afinidade com o direito a coisas

Seção episódica – Da aquisição ideal

Capítulo III – Da aquisição que depende subjetivamente da decisão de uma corte de justiça pública

PARTE II

Direito público

(A soma das leis que precisam ser promulgadas)

Capítulo I – O direito de um Estado

Capítulo II – O direito das gentes

Capítulo III – Direito cosmopolita

INTRODUÇÃO
À METAFÍSICA DOS COSTUMES

I – Da idéia e da necessidade de uma metafísica dos costumes

Numa outra parte foi demonstrado que, no que tange à ciência natural, a qual diz respeito a objetos sensorialmente externos, é preciso contar com princípios *a priori* e que é possível, com efeito necessário, pré-estabelecer um sistema desses princípios, chamado de *uma ciência metafísica da natureza*, para a ciência natural aplicada a experiências particulares, ou seja, à física. Estes princípios têm que ser originados de bases *a priori* para que tenham validade universal no sentido estrito. Mas a física (ao menos quando se trata de manter suas proposições isentas de erro) é capaz de admitir muitos princípios como universais com base na evidência da experiência. Assim, Newton[16] supôs, com base na experiência, o princípio da igualdade da ação e reação na influência recíproca dos corpos e mesmo o estendeu a toda a natureza material. Os químicos vão ainda além e baseiam suas leis mais universais da combinação e separação das substâncias devido às suas próprias forças inteiramente na experiência, e confiam a tal ponto na universalidade e necessidade dessas leis que não temem detectar um erro nos experimentos realizados em conformidade com elas.

Com as leis morais, porém, é diferente. Retêm sua força de leis somente na medida em que se possa vê-las como possuidoras de uma base *a priori* e sejam necessárias. Com efeito, conceitos e juízos sobre nós mesmos e nossas ações e omissões não têm significado moral algum, se

---

16. Sir Isaac Newton (1642-1727).

o conteúdo deles puder ser aprendido meramente a partir da experiência. E caso alguém se permitisse ser desviado, transformando alguma coisa proveniente dessa fonte em um princípio moral, correria o risco de cometer os erros mais grosseiros e perniciosos.

Se a doutrina dos costumes fosse simplesmente a doutrina da felicidade, seria absurdo buscar princípios *a priori* para ela, uma vez que por mais plausível que possa parecer afirmar que a razão, mesmo antes da experiência, poderia entrever os meios para a consecução de um gozo duradouro das genuínas alegrias da vida,[17] ainda assim tudo que é ensinado *a priori* acerca desse assunto é ou tautológico ou presumido sem qualquer base. Somente a experiência é capaz de ensinar o que nos traz alegria. Tão-só os impulsos naturais por alimento, sexo, repouso e movimento, e (à medida que nossas predisposições naturais se desenvolvem) por honra, pela ampliação de nosso conhecimento e assim por diante são capazes de informar a cada um de nós, e cada um apenas no seu modo particular, no que encontrará essas alegrias; e, identicamente, tão-somente a experiência é capaz de ensinar os meios pelos quais buscá-las. Toda a racionalização aparentemente *a priori* sobre isso dissolve-se em nada, salvo a experiência promovida pela indução para a generalidade, uma generalidade (*secundum principia generalis, non universalis*) ainda tão tênue que é necessário que a todos sejam permitidas inumeráveis exceções para o ajuste de suas escolhas de um modo de vida às suas inclinações particulares e suas suscetibilidades à satisfação e, ainda, no final, se tornarem prudentes somente a partir dos infortúnios próprios ou alheios.

Porém, algo diverso ocorre relativamente aos preceitos da moralidade. São comandos para todos, que desconsideram as inclinações, meramente porque e na medida em que todos são livres e dispõem de razão prática; cada um não extrai instrução nas suas leis a partir da observação de si mesmo e de sua natureza animal ou da percepção dos modos do mundo, o que acontece e como se comportam os homens (ainda que a palavra alemã *Sitten*, como a latina *mores*, signifique apenas maneiras e modo de vida). Em lugar disso, a razão ordena como cabe aos homens agir, mesmo que nenhum exemplo disso possa ser encontrado, e não leva em consideração as vantagens que pudéssemos com isso granjear, o que somente a experiência poderia nos ensinar, pois

---

17. *...Freuden des Lebens...* O substantivo *Freude* significa tanto prazer quanto alegria; psicologicamente falando, só é possível experimentar alegria com base na fruição de um prazer, ou, em outras palavras, a dor não gera alegria. (n.t.)

embora a razão nos permita buscar nossa vantagem de todas as formas possíveis a nós, e possa, inclusive, nos prometer, com o testemunho da experiência, que provavelmente nos será mais vantajoso no conjunto obedecer aos seus comandos do que transgredi-los, especialmente se a obediência for acompanhada de prudência, ainda assim a autoridade de seus preceitos na qualidade de comandos não é baseada nessas considerações. Ao invés disso, ela os utiliza (como conselhos) somente como um contrapeso contra induzimentos para o contrário, a fim de compensar antecipadamente o erro de pesagens tendenciosas na avaliação prática, e somente então assegurar que o peso de fundamentos *a priori* de uma razão prática pura fará os pratos da balança oscilarem a favor da autoridade de seus preceitos.

Se, portanto, um sistema de cognição *a priori* a partir exclusivamente de conceitos é denominado *metafísica*, uma filosofia prática, que não tem a natureza, mas a liberdade de escolha por seu objeto, pressuporá e requererá uma metafísica dos costumes, isto é, é ela mesma um dever de ter uma tal metafísica e todo ser humano também a tem dentro de si mesmo, ainda que em geral somente de uma forma obscura, pois sem princípios *a priori* como poderia ele crer que tem dentro de si mesmo uma lei universal? Mas precisamente como deve haver princípios numa metafísica da natureza para a aplicação desses princípios universais mais elevados de uma natureza em geral a objetos da experiência, uma metafísica dos costumes não pode prescindir de princípios de aplicação, e teremos amiúde que tomar como nosso objeto a natureza particular dos seres humanos, a qual é conhecida unicamente pela experiência, com a finalidade de nela mostrar o que pode ser inferido a partir de princípios morais universais. Mas isto de modo algum prejudicará a pureza desses princípios ou lançará a dúvida sobre sua fonte *a priori*, o que equivale a dizer, de fato, que uma metafísica dos costumes não pode ser baseada na antropologia, embora possa, não obstante, ser aplicada a esta.

A contraparte de uma metafísica dos costumes, o outro membro da divisão da filosofia prática como um todo, seria a antropologia moral, a qual, entretanto, trataria apenas das condições subjetivas na natureza humana que obstam ou auxiliam as pessoas a cumprir as leis de uma metafísica dos costumes; ela se ocuparia do desenvolvimento, difusão e fortalecimento dos princípios morais (na educação escolar e na instrução popular), e de outros ensinamentos e preceitos similares baseados na experiência. É indispensável, mas não deve preceder uma metafísica dos costumes ou ser a esta mesclada, pois se este fosse o caso correr-se-ia o risco de produzir leis morais falsas ou, ao menos, indulgentes, as quais representariam enganosamente como inatingível o que somente não fosse atingido simplesmente porque a lei não foi vista e apresentada em sua pureza (no que consiste sua força) ou porque incentivos espúrios ou impuros foram usados para o que está ele mesmo em conformidade com o dever e o bem. Isto não resultaria em princípios morais acertados, quer para orientarem os juízos, quer para disciplinarem as mentes na observância do dever, cujos preceitos têm que ser dados *a priori* somente pela razão pura.

No que tange à divisão maior na qual se enquadra a divisão que acabamos de mencionar, nomeadamente aquela da filosofia em filosofia teórica e prática, já apresentei minhas explicações em outra parte (na *Crítica do Juízo*) e expliquei que a filosofia prática não pode ser outra coisa senão sabedoria moral. Qualquer coisa que é prática e possível de acordo com as leis da natureza (o que é distintivo da arte) depende, para seus preceitos, inteiramente da teoria da natureza: somente aquilo que é prático de acordo com as leis da liberdade pode conter princípios independentes de qualquer teoria, pois inexiste teoria daquilo que vai além das propriedades da natureza. Daí, a filosofia não pode compreender mediante sua parte prática (enquanto cotejada com sua parte teórica) doutrina *tecnicamente prática* alguma, mas somente uma doutrina *moralmente prática*; e se chamarmos também aqui de *arte* a competência da escolha em harmonia com as leis da liberdade, em contraste com as leis da natureza, por esta palavra será necessário entender um tipo de arte que possibilita um sistema de liberdade como um sistema de natureza, verdadeiramente uma arte divina se estivéssemos numa posição também de realizar plenamente por meio dela o que é prescrito pela razão e transformar a sua idéia em atos.

II - Da relação entre as faculdades da mente humana[18] e as leis morais

A faculdade do desejo é a faculdade de mediante as próprias representações ser a causa dos objetos dessas representações. A faculdade de um ser atuar em conformidade com suas representações é denominada *vida*.

Em primeiro lugar, o prazer ou o desprazer, a cuja suscetibilidade designamos como *sentimento*, está sempre ligado ao desejo ou à aver-

---

18. ...*menschlichen Gemüts*...: mente no sentido de alma (*psiquê*), sede dos instintos, apetites, paixões, emoções, pensamento, vontade e as respectivas faculdades. (n.t.)

são; contudo, o inverso nem sempre ocorre, uma vez que pode haver um desejo que não esteja ligado a qualquer desejo por um objeto, mas que esteja já ligado com uma mera representação que se forma de um objeto (independentemente do objeto da representação existir ou não). Em segundo lugar, o prazer ou o desprazer num objeto de desejo não precede sempre o desejo e nem sempre precisa ser considerado como a causa do desejo, podendo, todavia, também ser considerado como o efeito dele.

A capacidade de experimentar prazer ou desprazer numa representação é chamada de sentimento porque ambos envolvem o que é meramente subjetivo na relação de nossa representação e não contêm relação alguma com um objeto para uma possível cognição deste[19] (ou mesmo cognição de nossa condição). Enquanto até mesmo sensações, à parte da qualidade (de serem, por exemplo, vermelho, doce, etc.) que possuem devido à natureza do sujeito, são, não obstante, referidas a um objeto como elementos em nossa cognição dele, o prazer ou o desprazer (no que é vermelho ou doce) nada expressa de modo algum no objeto, porém simplesmente uma relação com o sujeito. E por esta própria razão não é possível explicar mais claramente o prazer e o desprazer em si mesmos; em lugar disso, pode-se apenas especificar os resultados que apresentam em certas circunstâncias, de modo a torná-los reconhecíveis na prática.

O prazer necessariamente ligado ao desejo (por um objeto cuja representação afeta deste modo o sentimento) pode ser chamado de prazer prático, quer seja a causa ou o efeito do desejo. Por outro lado, o prazer não ligado necessariamente ao desejo por um objeto – e assim não é, no fundo, um prazer na existência do objeto de uma representação, estando apenas vinculado à representação por si mesma – pode ser chamado de prazer meramente contemplativo ou prazer inativo. Deno-

---

19. Pode-se caracterizar a sensibilidade como o aspecto subjetivo de nossas representações em geral, pois é o entendimento que começa por referir representações a um objeto, isto é, somente ele pensa alguma coisa por meio delas. É possível que o que é subjetivo em nossas representações o seja tal a ponto de ser também capaz de ser referido a um objeto para conhecimento deste (seja em termos de sua forma, caso em que é chamado de pura intuição, seja em termos de sua matéria, caso em que é chamado de sensação); neste caso a sensibilidade, como suscetibilidade a uma tal representação, é *sentido*. Ou então o que é subjetivo em nossas representações não é capaz de se tornar um elemento em nosso conhecimento porque envolve apenas uma relação da representação ao sujeito e nada que possa ser utilizado para o conhecimento de um objeto; e neste caso a suscetibilidade à representação é chamada de sentimento, que é o efeito de uma representação (que pode ser sensível ou intelectual) sobre um sujeito e pertence à sensibilidade, muito embora a representação ela própria possa pertencer ao entendimento ou à razão.

minamos *gosto* o sentimento deste último tipo de prazer. Em conformidade com isto, a filosofia prática fala de prazer contemplativo apenas episodicamente e não como se o conceito lhe fosse inerente. No que toca ao prazer prático, a determinação da faculdade do desejo que é gerada e, portanto, necessariamente precedida por tal prazer, é chamada de *apetite*; o apetite habitual[20] é denominado *inclinação*; e uma conexão do prazer com a faculdade do desejo, que o entendimento julga encerrar como uma regra geral (a despeito de o ser somente para o sujeito) é chamada de *interesse*. Assim, se um prazer precede necessariamente um desejo, o prazer prático, neste caso, deve ser qualificado como um *interesse da inclinação*. Entretanto, se um prazer for capaz apenas de suceder uma determinação antecedente da faculdade do desejo, será um prazer intelectual, e o interesse no objeto deve ser classificado como interesse da razão, pois se o interesse fosse baseado nos sentidos, e não exclusivamente em princípios racionais puros, seria forçoso então que a sensação tivesse prazer a ela vinculado e, deste modo, fosse capaz de determinar a faculdade do desejo. Embora onde se tenha que presumir simplesmente um puro interesse da razão nenhum interesse da inclinação possa ser substituído por ele, a fim de nos conformarmos ao discurso ordinário podemos falar de uma inclinação pelo que pode ser um objeto somente de um prazer intelectual como um desejo habitual[21] proveniente de um puro interesse da razão, uma inclinação deste gênero, entretanto, não seria a causa, mas o efeito de puro interesse da razão e poderíamos designá-la como uma inclinação livre dos sentidos[22] *(propensio intellectualis)*.

É preciso também distinguir a *concupiscência* (apetite por algo) do desejo ele mesmo, como um estímulo para a determinação do desejo. A concupiscência é sempre uma determinação sensível da mente, mas uma alteração que não se converteu ainda num ato da faculdade do desejo.

A faculdade do desejo, em consonância com os conceitos – na medida em que o fundamento que a determina à ação reside nela mesma e não em seu objeto – é denominada faculdade *de fazer ou deixar de fazer conforme aprouva a cada um*. Na medida em que está unida à consciência de cada um a capacidade de realizar seu objeto mediante ação própria chama-se *escolha*; se não unida a essa consciência, seu ato é denominado *aspiração*. A faculdade do desejo cujo fundamento determinante – e daí até mesmo o que lhe é agradável – se encontra na razão do sujei-

---

20.   ...*habituelle Begierde*... (n.t.)
21.   ...*habituelles Begehren*... (n.t.)
22.   ...*sinnenfreie Neigung*... (n.t.)

to é chamada de *vontade*. A vontade é, portanto, a faculdade do desejo considerada não tanto em relação à ação (como o é a escolha), porém mais em relação ao fundamento que determina a escolha para a ação. A vontade ela mesma, estritamente falando, não possui fundamento determinante; na medida em que é capaz de determinar a escolha, ela é, ao contrário, a própria razão prática.

Porquanto a razão pode determinar a faculdade do desejo como tal, não somente a escolha, como também a simples aspiração, podem ser incluídas sob a vontade. Dá-se o nome de *livre arbítrio* à escolha que pode ser determinada pela razão pura; a que pode ser determinada somente pela inclinação (impulso sensível, estímulo) seria o arbítrio animal (*arbitrium brutum*). O arbítrio humano, contudo, é uma escolha que, embora possa ser realmente afetada por impulsos, não pode ser determinada por estes, sendo, portanto, de *per si* (à parte de uma competência da razão) não pura, podendo, não obstante isso, ser determinada às ações pela vontade pura. A liberdade da escolha é essa independência do ser determinado por impulsos sensíveis. Este é o conceito negativo de liberdade. O conceito positivo de liberdade é aquele da capacidade da razão pura de ser, por si mesma, prática. Mas isto não é possível, salvo pela sujeição da máxima de toda ação à condição de sua qualificação como lei universal, uma vez que, como razão pura aplicada à escolha independentemente de seus objetos, não contém em si a matéria da lei; assim, como uma faculdade de princípios (aqui princípios práticos, daí uma faculdade legisladora), nada mais pode fazer, exceto erigir em lei suprema e em fundamento determinante da escolha, a forma da aptidão das máximas da própria escolha como sendo lei universal. E visto que as máximas dos seres humanos, sendo baseadas em causas subjetivas, não se conformam por si mesmas com esses princípios objetivos, a razão pode prescrever essa lei somente como um imperativo que comanda ou proíbe absolutamente.

Em contraste com as leis da natureza, essas leis da liberdade são denominadas *leis morais*. Enquanto dirigidas meramente a ações externas e à sua conformidade à lei, são chamadas de *leis jurídicas*; porém, se adicionalmente requererem que elas próprias (as leis) sejam os fundamentos determinantes das ações, são *leis éticas* e, então, diz-se que a conformidade com as leis jurídicas é a legalidade de uma ação, e a conformidade com as leis éticas é sua moralidade. A liberdade à qual as primeiras leis se referem só pode ser liberdade no uso externo da escolha, mas a liberdade à qual as últimas se referem é liberdade tanto no uso externo como no interno da escolha, porquanto é determinada por leis da razão. Na filosofia teórica se diz que somente objetos do sentido externo estão no espaço, enquanto objetos do sentido externo, bem como do interno, estão no tempo, uma vez que as representações de ambos são sempre representações e como tais pertencem conjuntamente ao sentido interno. Conseqüentemente, também, seja a liberdade no uso externo ou interno da escolha considerada, suas leis, como puras leis práticas da razão para o livre arbítrio em geral, têm também que ser fundamentos determinantes internos da escolha, ainda que não devessem sempre ser consideradas nesse aspecto.

III - Conceitos preliminares da metafísica dos costumes (*Philosophia practica universalis*)

O conceito de liberdade é um conceito racional puro e que por isto mesmo é transcendente para a filosofia téorica, ou seja, é um conceito tal que nenhum exemplo que corresponda a ele pode ser dado em quaquer experiência possível, e de cujo objeto não podemos obter qualquer conhecimento teórico: o conceito de liberdade não pode ter validade como princípio constitutivo da razão especulativa, mas unicamente como princípio regulador desta e, em verdade, meramente negativo. Mas no uso prático da razão o conceito de liberdade prova sua realidade através de princípios práticos, que são leis de uma causalidade da razão pura para determinação da escolha, independentemente de quaisquer condições empíricas (da sensibilidade em geral) e revelam uma vontade pura em nós, na qual conceitos e leis morais têm sua fonte.

Nesse conceito de liberdade, que é positivo (de um ponto de vista prático), estão baseadas leis práticas incondicionais, denominadas *morais*. Para nós, cuja escolha é sensivelmente afetada, e por isso não se conforma por si mesma à vontade pura, mas a esta se opõe amiúde, as leis morais são *imperativos* (comandos ou proibições) e realmente imperativos (incondicionais) categóricos; como tais eles se distinguem dos imperativos técnicos (preceitos da arte), que sempre comandam apenas condicionalmente. Através dos *imperativos categóricos* certas ações são *permitidas* ou *proibidas*, isto é, moralmente possíveis ou impossíveis, enquanto algumas delas ou seus opostos são moralmente necessários, ou seja, obrigatórios. Para estas ações, então, surge o conceito de dever, cuja observância ou violação está efetivamente ligada a um prazer ou desprazer de um tipo distintivo (o *sentimento moral*), embora nas leis práticas da razão não levamos esses sentimentos em conta, uma vez que eles nada têm a ver com a base das leis práticas, mas somente com o

INTRODUÇÃO AO ESTUDO DO DIREITO • DOUTRINA DO DIREITO 35
INTRODUÇÃO À METAFÍSICA DOS COSTUMES EDIPRO

efeito subjetivo na mente quando nossa escolha é determinada por eles, o que pode diferir de um sujeito para outro (sem objetivamente, ou seja, no julgamento da razão, de modo algum acrescer ou diminuir a validade ou influência dessas leis).

Os conceitos que se seguem são comuns a ambas as partes da *Metafísica dos Costumes*.

Obrigação é a necessidade de uma ação livre sob um imperativo categórico da razão.

Um *imperativo* é uma regra prática pela qual uma ação em si mesma *contingente* é tornada *necessária*. Um imperativo difere de uma lei prática em que uma lei efetivamente representa uma ação como necessária, mas não considera se esta ação já é inerente por força de uma necessidade interna ao sujeito agente (como num *ser* santo) ou se é contingente (como no ser humano), pois quando ocorre o primeiro desses casos não há imperativo. Por conseguinte, um imperativo é uma regra cuja representação torna necessária uma ação que é subjetivamente contingente e assim representa o sujeito como aquele que tem que ser *constrangido* (compelido) a conformar-se à regra. Um *imperativo categórico* (incondicional) é aquele que representa uma ação como objetivamente necessária e a torna necessária não indiretamente através da representação de algum fim que pode ser atingido pela ação, mas através da mera representação dessa própria ação (sua forma) e, por conseguinte, diretamente. Nenhuma outra doutrina prática é capaz de fornecer exemplos de tais imperativos, exceto aquela que prescreve obrigação (a doutrina dos costumes). Todos os demais imperativos são *técnicos*, e são, sem exceção, condicionais. O fundamento da possibilidade dos imperativos categóricos é o seguinte: não se referem a nenhuma outra propriedade da escolha (pela qual algum propósito possa ser atribuído a ela), salvo simplesmente a sua liberdade.

A ação *permitida* (*licitum*) é a que não contraria a obrigação; e esta liberdade que não é limitada por nenhum imperativo contrário é chamada de *autorização* (*facultas moralis*); conseqüentemente, é óbvio o que significa o *proibido* (*illicitum*).

Dever é a ação à qual alguém está obrigado. É, portanto, a matéria da obrigação, e pode haver um único e mesmo dever (do ponto de vista da ação), embora possamos estar obrigados a ele de diferentes maneiras.

Um imperativo categórico, porque impõe uma obrigação com respeito a certas ações, é uma lei moralmente prática. Mas visto que a obrigação envolve não meramente a necessidade prática (tal como uma lei em geral afirma), como também compulsão, um imperativo categórico é uma lei que ou comanda ou proíbe, dependendo de se representa na qualidade de um dever o realizar ou não realizar uma ação. Uma ação que não é nem comandada nem proibida é meramente *permitida*, uma vez que não há lei alguma que limita a liberdade de alguém (a autorização de alguém) no tocante a ela e, também, dever algum. Uma tal ação é qualificada de moralmente indiferente (*indifferens, adiaphoron, res merae facultatis*). A questão que pode ser levantada é se há tais ações e, se há, se deve haver leis permissivas (*lex permissiva*) a se somarem a leis que comandam e proíbem (*lex praeceptiva, lex mandati* e *lex prohibitiva, lex vetiti*), a fim de responder por alguém que seja livre para fazer ou não fazer algo que lhe agrade. Se assim for, a autorização nem sempre teria a ver com uma ação indiferente (*adiaphoron*), pois, considerando-se a ação em termos de leis morais, nenhuma lei especial seria para ela requerida.[23]

Designa-se uma ação como *feito*[24] na medida em que esteja sujeita a leis obrigatórias e, conseqüentemente, na medida em que o sujeito, ao executá-lo, é considerado em termos da liberdade de sua escolha. Por tal ação o agente é tido como o *autor* de seu efeito, e este, juntamente com a própria ação, pode ser imputado a ele, caso se esteja previamente familiarizado com a lei em virtude da qual haja sobre eles[25] a imposição de uma obrigação.

Uma *pessoa* é um sujeito cujas ações lhe podem ser imputadas. A *personalidade* moral não é, portanto, mais do que a liberdade de um ser racional submetido a leis morais (enquanto a *personalidade psicológica* é meramente a faculdade de estar consciente da própria identidade em distintas condições da própria existência). Disto resulta que uma pessoa não está sujeita a outras leis senão àquelas que atribui a si mesma (ou isoladamente ou, ao menos, juntamente com outros).

Uma *coisa* é aquilo ao que nada pode ser imputado. Dá-se, portanto, o nome de *coisa* (*res corporalis*) a qualquer objeto do livre arbítrio que seja ele próprio carente de liberdade.

Um ato é correto ou incorreto (*rectum aut minus rectum*) em geral na medida em que se conforma ao dever ou é contrário a este (*factum licitum aut illicitum*); o dever ele mesmo, em termos de seu conteúdo ou

---

23. Kant se refere mais particularmente às *leis permissivas* em *Da paz perpétua*. (n.t.)
24. *...Tat...* (n.t.)
25. Quais sejam, a ação e seu efeito. (n.t.)

origem, pode ser de qualquer tipo. Um feito contrário ao dever é chamado de *transgressão* (*reatus*).

Uma transgressão *não-intencional* que ainda é imputável ao agente é chamada de uma mera *culpa* (*culpa*). Uma transgressão *intencional* (isto é, uma transgressão acompanhada da consciência de ser uma transgressão) é chamada de *crime* (*dolus*). O que é correto de acordo com leis externas é chamado de *justo* (*iustum*); o que não é, *injusto* (*iniustum*).

Um *conflito de deveres* (*collisio officiorum, s. obligationum*) seria uma relação recíproca na qual um deles cancelasse o outro (inteira ou parcialmente). Mas visto que dever e obrigação são conceitos que expressam a necessidade prática objetiva de certas ações, e duas regras mutuamente em oposição não podem ser necessárias ao mesmo tempo, se é um dever agir de acordo com uma regra, agir de acordo com a regra oposta não é um dever, mas mesmo contrário ao dever; por conseguinte, uma colisão de deveres e obrigações é inconcebível (*obligationes non colliduntur*). Entretanto, um sujeito pode ter numa regra que prescreve para si mesmo dois fundamentos de obrigação (*rationes obligandi*), sendo que um ou outro desses fundamentos não é suficiente para submeter o sujeito à obrigação (*rationes obligandi non obligantes*), de sorte que um deles não é um dever. Quando dois fundamentos tais conflituam entre si, a filosofia prática diz não que a obrigação mais forte tem precedência (*fortior obligatio vincit*), mas que o *fundamento de obrigação* mais forte prevalece (*fortior obligandi ratio vincit*).

Leis obrigatórias para as quais é possível haver uma legislação externa são chamadas de *leis externas* (*leges externae*) em geral; aquelas entre elas que podem ser reconhecidas como obrigatórias *a priori* pela razão, mesmo sem legislação externa, são de fato leis externas, porém *naturais*, ao passo que aquelas que não obrigam sem efetiva legislação externa (e, assim, sem esta não seriam leis) são chamadas de *leis positivas*. Pode-se, portanto, conceber uma legislação externa que contivesse somente leis positivas, mas neste caso ainda assim uma lei natural teria que precedê-la, o que estabeleceria a autoridade do legislador (isto é, sua autorização de obrigar outros mediante sua mera escolha).

Um princípio que converte certas ações em deveres é uma *lei prática*. Uma regra da qual o próprio agente faz seu princípio sobre fundamentos subjetivos é chamada de *máxima própria*; daí diferentes agentes podem ter máximas muito diferentes relativamente à mesma lei.

O imperativo categórico, que como tal se limita a afirmar o que é a obrigação, pode ser assim formulado: *age com base em uma máxima que também possa ter validade como uma lei universal.* Tens, portanto, que primeiramente considerar tuas ações em termos dos princípios subjetivos delas; porém, só podes saber se esses princípios têm também validade objetiva da seguinte maneira: quando tua razão os submete à prova, que consiste em conceber a ti mesmo como também produtor de lei universal através deles, e ela qualifica esta produção como lei universal.

A simplicidade dessa lei comparativamente com as amplas e várias conseqüências que podem dela ser extraídas deve forçosamente parecer, a princípio, espantosa, como também o deve sua autoridade de comandar sem parecer portar consigo qualquer incentivo. Mas ao nos maravilharmos com uma capacidade de nossa razão de determinar escolha mediante a mera idéia de que uma máxima qualifica a universalidade de uma lei prática, aprendemos que justamente essas leis (morais) práticas começam por fazer conhecida uma propriedade da escolha, qual seja, sua liberdade, à qual a razão especulativa jamais teria tido acesso, seja sobre fundamentos *a priori*, seja através de qualquer experiência e que, uma vez tivesse a razão a ela acesso, não poderia, de modo algum, ter sua possibilidade demonstrada teoricamente, a despeito dessas leis práticas mostrarem irrefutavelmente que nossa escolha possui essa propriedade. Parecerá, então, menos estranho descobrir que essas leis, como postulados matemáticos, são indemonstráveis, ainda que apodícticas, e perceber, ao mesmo tempo, a abertura diante de si de um campo inteiro de conhecimento prático no qual a razão vê que em teoria não apenas a idéia de liberdade, como qualquer outra de suas idéias do supra-sensível, se lhe deparam herméticas. A conformidade de uma ação com a lei do dever[26] é sua *legalidade* (*legalitas*); a conformidade da máxima de uma ação com uma lei é a *moralidade* (*moralitas*) da ação. Uma *máxima* é um princípio subjetivo de ação, um princípio que o próprio sujeito converte em sua regra (como ele deseja agir); um princípio de dever, por outro lado, é um princípio que a razão a ele prescreve absolutamente e, assim, objetivamente (como ele *deve* agir).

O princípio supremo da doutrina dos costumes é, portanto: *age com base em uma máxima que pode também ter validade como uma lei universal.* Qualquer máxima que não seja assim qualificada é contrária à moral.

Leis procedem da vontade, máximas da escolha. No que tange ao homem, esta última é um livre arbítrio; a vontade, que não é dirigida a nada que ultrapassa a própria lei, não pode ser classificada como livre ou

---

26. *...Pflichtgesetze...* (n.t.)

INTRODUÇÃO AO ESTUDO DO DIREITO • DOUTRINA DO DIREITO **39**
INTRODUÇÃO À METAFÍSICA DOS COSTUMES EDIPRO

não livre, uma vez que não é dirigida a ações, mas de imediato à produção de leis para as máximas das ações (sendo, portanto, a própria razão prática). Conseqüentemente, a vontade dirige com absoluta necessidade e não é ela mesma sujeita a nenhum constrangimento. Somente a escolha pode, portanto, ser chamada de *livre*.

Mas não é possível definir a liberdade de escolha – como alguns tentaram defini-la – como a capacidade de realizar uma escolha a favor ou contra a lei (*libertas indifferentiae*), mesmo que a escolha como um *fenômeno* forneça freqüentes exemplos disso na experiência, isto porque conhecemos a liberdade (na medida em que primeiramente se torna manifesta a nós através da lei moral) somente como uma propriedade negativa em nós, nomeadamente a de não ser forçada a atuar através de quaisquer fundamentos determinantes sensíveis. Mas não podemos apresentar *teoricamente* a liberdade como um *nôumeno*, isto é, a liberdade considerada como a faculdade do homem meramente como uma inteligência, e mostrar como ela pode *exercer constrangimento* sobre a escolha sensível dele; somos incapazes, portanto, de apresentar a liberdade como uma propriedade positiva. Mas estamos capacitados, com efeito, a ver que embora a experiência mostre que o ser humano, como um *ser sensível*, seja capaz de escolher tanto *em oposição* quanto *em conformidade* com a lei, sua liberdade como um *ser inteligível* não pode ser definida por esta, uma vez que aparências não podem tornar qualquer objeto hiperfísico (tal como o livre arbítrio) compreensível. É igualmente perceptível para nós que a liberdade jamais pode estar localizada no ser de um sujeito racional capaz de escolher em oposição à sua razão (legisladora), ainda que a experiência prove com suficiente freqüência que isso acontece (embora ainda não compreendamos como é isso possível), pois uma coisa é aceitar uma proposição (com base na experiência) e uma outra coisa transformá-la no princípio de definição (do conceito de livre arbítrio) e na característica universal para distingui-la (do *arbitrio bruto s. servo*),[27] uma vez que a primeira coisa não sustenta que a característica diz respeito necessariamente ao conceito, enquanto a segunda, o requer. Somente a liberdade em relação à legislação interna da razão é realmente uma capacidade; a possibilidade de dela se desviar é uma incapacidade. Como pode a primeira ser definida pela última? Seria uma definição que acrescentaria ao conceito prático o *exercício* dele, como o ensina a experiência, uma *definição híbrida* (*definitio hybrida*) que apresenta o conceito sob uma falsa luz.

---

27. Capacidade de escolha animal ou escravizada. (n.t.)

Uma *lei* (moralmente prática) é uma proposição que contém um imperativo categórico (um comando). Aquele que comanda (*imperans*) através de uma lei é o legislador (*legislator*). Ele é o autor (*autor*) da obrigação de acordo com a lei, mas nem sempre o autor da lei. Neste último caso, a lei seria uma lei positiva (contingente) e do arbítrio. Uma lei que nos obriga *a priori* e incondicionalmente por meio de nossa própria razão também pode ser expressa como procedente da vontade de um legislador supremo, isto é, alguém que possui somente direitos e nenhum dever (daí, da vontade divina); porém, isso significa apenas a idéia de um ser moral cuja vontade constitui uma lei para todos, sem que seja pensado como o autor da lei.

A imputação (*imputatio*), no sentido moral, é o *julgamento* pelo qual alguém é considerado como o autor (*causa libera*) de uma ação, que é então chamada de um *feito* (*factum*) e se submete a leis. Se o julgamento também traz consigo as conseqüências jurídicas desse feito, é uma *imputação judiciária ou válida* (*imputatio iudiciaria s. valida*); de outra maneira, é meramente uma *imputação avaliativa* (*imputatio diiudicatoria*) do feito. A pessoa (física ou moral) que está autorizada a imputar com força jurídica é chamada de *juiz* ou de *corte* (*iudex s. forum*).

Se alguém realiza *mais* em matéria de dever do que o que pode ser constrangido pela lei a realizar, o que realiza é *meritório* (*meritum*); se o que realiza é precisamente o que a lei *exige*, ele realiza *o que é devido* (*debitum*); finalmente, se o que realiza é *menos* do que aquilo que a lei exige, é moralmente *culpável* (*demeritum*). O efeito *legal* do que é culpável é a *punição* (*poena*); o do feito meritório é a *recompensa* (*praemium*) (supondo-se que a recompensa, prometida na lei, tenha sido o motivo do feito); a conduta que se conforma ao que é devido não tem efeito jurídico algum. A retribuição bondosa (*remuneratio s. repensio benefica*) não guarda nenhuma relação jurídica com um feito.

Os bons ou maus resultados de uma ação que é devida, como os resultados da omissão de uma ação meritória, não podem ser imputados ao sujeito (*modus imputationis tollens*).

Os bons resultados de uma ação meritória, como os maus resultados de uma ação ilegal, podem ser imputados ao sujeito (*modus imputationis ponens*).

Subjetivamente, o grau ao qual uma ação *pode ser imputada* (*imputabilitas*) tem que ser avaliado pela magnitude das barreiras que tiveram que ser vencidas. Quanto maiores as barreiras naturais (da sensibilidade) e menor a barreira moral (do dever), tanto maior será o mérito da boa ação, como, por exemplo, com considerável auto-sacrifício salvo um completo estranho de um grande perigo.

Por outro lado, quanto menores os obstáculos naturais e maior o obstáculo procedente dos fundamentos do dever, tanto mais imputável (como culpável) é a transgressão. Por conseguinte, a disposição de alma do sujeito – se cometeu a ação num estado de agitação ou mediante fria deliberação –, produz uma diferença na imputabilidade, redundando em resultados.

IV – Da divisão de uma metafísica dos costumes[28]

Em toda legislação (quer prescreva ações internas ou externas e quer as prescreva *a priori* pela razão somente ou pela escolha de um outro) há dois elementos: em primeiro lugar, uma *lei*, que representa uma ação que precisa ser realizada como *objetivamente* necessária, isto é, que faz da ação um *dever*; em segundo lugar, um motivo, o qual relaciona um fundamento para determinação da escolha a essa ação subjetivamente com a representação da lei. Daí o segundo elemento é o seguinte: que a lei torne dever o motivo. Pelo primeiro, a ação é representada como um dever e isto constitui um conhecimento meramente teórico de uma determinação possível de escolha, isto é, de regras práticas. Pelo segundo, a obrigação de assim agir está relacionada no sujeito com um fundamento para determinar a escolha geralmente.

Toda legislação pode, portanto, ser distinguida com respeito ao motivo (mesmo que concorde com outro tipo com respeito à ação que transforma em dever, por exemplo, ações que podem ser externas em todos os casos). Essa legislação que faz de uma ação um dever, e também faz deste dever o motivo, é *ética*. Porém, a legislação que não inclui o motivo do dever na lei e, assim, admite um motivo distinto da idéia do próprio dever, é *jurídica*. Está claro que no último caso esse motivo, que

---

28. Uma dedução da divisão de um sistema, isto é, uma prova de que é tanto íntegro quanto contínuo, ou seja, que uma transição a partir do conceito dividido nos componentes da divisão acontece sem um salto (*divisio per saltum*), é uma das mais difíceis condições a ser cumprida pelo arquiteto de um sistema. Até mesmo o que seria *o conceito dividido superior*, cujas divisões são corretas ou incorretas (*aut fas aut nefas*), requer reflexão. Este conceito é o ato do livre arbítrio em geral. Os professores de ontologia analogamente iniciam com os conceitos de *alguma coisa* e *nada*, sem estarem cientes de que estes já são componentes de uma divisão para a qual está faltando o conceito dividido. Esté conceito só pode ser o de um objeto em geral.

é algo distinto da idéia do dever, tem que ser extraído de fundamentos determinantes *patológicos* da escolha, inclinações e aversões e, entre estas, principalmente destas últimas, pois se trata de uma legislação que constrange, não de um engodo que seduz.

A simples conformidade ou não conformidade de uma ação com a lei, independentemente do motivo para ela, denomina-se sua *legalidade (licitude)*;[29,30] mas aquela conformidade na qual a idéia de dever que emerge da lei é também o motivo da ação, é chamada de sua *moralidade*.[31]

Os deveres de acordo com a legislação jurídica[32] podem ser somente deveres externos, visto que essa legislação não requer que a idéia desse dever, que é interna, seja ela mesma o fundamento determinante da escolha do agente; e posto que necessita ainda de um motivo que se ajuste à lei, só pode relacionar motivos externos a si. Por outro lado, a legislação ética,[33] embora também transforme ações internas em deveres, não exclui ações externas, mas se aplica a tudo que seja um dever em geral. Porém, precisamente porque a legislação ética inclui no interior de sua lei o motivo interno da ação (a idéia do dever), e este aspecto não deve estar presente na legislação externa, a legislação ética não pode ser externa (nem mesmo a legislação externa de uma vontade divina), ainda que realmente assuma deveres que se apóiam em uma outra, a saber, uma legislação externa ao torná-los, *como deveres*, motivos em sua legislação.

Disso se pode ver que todos os deveres, simplesmente por serem deveres, pertencem à ética; mas não se segue que a legislação para eles está sempre contida na ética: para muitos deles se acha fora da ética. Assim, a ética me ordena a ainda cumprir um contrato assumido, mesmo que a outra parte não pudesse coagir-me a fazê-lo; mas ela toma a lei (*pacta sunt servanda*) e o dever a esta correspondente da doutrina do direito, como aqui já apresentada. Em conformidade com isto, a proposição da lei de que compromissos assumidos em comum acordo têm que

---

29. Kant utiliza entre parênteses o termo *Gesetzmässigkeit*, que significa tanto legalidade quanto regularidade. Seu objetivo provavelmente é apenas reforçar a conceituação, uma vez que este último vocábulo é um sinônimo de origem saxônica do *Legalität*, de origem latina. A idéia prevalecente é a de *regulamentação legal*. (n.t.)

30. Aqui parece ocorrer um hiato, já que a *não conformidade* denomina-se *ilegalidade*. (n.t.)

31. Por razão análoga à que aventamos na nota 29, o autor acresce entre parênteses *Sittlichkeit*, o termo de origem saxônica correspondente ao latino *Moralität*. (n.t.)

32. *...rechtlichen Gesetzgebung...*(n.t.)

33. *...ethische Gesetzgebung...*(n.t.)

ser mantidos não reside na ética mas no *direito*.[34] Tudo que a ética ensina é que se o motivo que a legislação jurídica relaciona com aquele dever, *nomeadamente* o constrangimento externo, estiver ausente, a idéia do dever por si mesma será suficiente como um motivo, uma vez que se este não fosse o caso e se a própria legislação não fosse jurídica de maneira que o dever que dela surge não fosse realmente um dever de direito (como distinto de um dever de virtude), então o cumprimento fiel (no manter compromissos assumidos num contrato) seria colocado na mesma classe das ações de benevolência e a obrigação para com estas, o que não deve acontecer. Manter os próprios compromissos não constitui dever de virtude, mas dever de direito, a cujo cumprimento pode-se ser forçado. Mas prossegue sendo uma ação virtuosa (uma demonstração de virtude) fazê-lo mesmo onde nenhuma coerção possa ser aplicada. A doutrina do direito e a doutrina da virtude não são, conseqüentemente, distinguidas tanto por seus diferentes deveres, como pela diferença em sua legislação, a qual relaciona um motivo ou o outro com a lei.

A legislação ética (mesmo se os deveres pudessem ser externos) é aquela que *não pode* ser externa; a legislação jurídica é aquela que pode ser também externa. Assim, constitui um dever externo manter um compromisso assumido num contrato; o comando, contudo, de fazê-lo meramente porque se trata de um dever, sem consideração por qualquer outro motivo, pertence somente à legislação interna. Assim, a obrigação é atribuída à ética não porque o dever seja de um tipo particular (um tipo particular de ação à qual alguém está obrigado) – pois há deveres externos na ética, bem como no direito – mas porque a legislação neste caso é uma legislação interna e não pode ter legislador externo. Pela mesma razão, deveres de benevolência, embora sejam deveres externos (obrigações para com ações externas), são ainda atribuídos à ética porque a legislação que lhes diz respeito só pode ser interna. A ética também possui seus deveres especiais (por exemplo, deveres para consigo mesmo), mas igualmente possui deveres em comum com o direito; o que não possui em comum com o direito é somente o tipo de *obrigação*, pois o que é distintivo na legislação ética é dever alguém realizar ações simplesmente porque são deveres e tornar o princípio do dever ele mesmo, não importa de onde provenha o dever, o motivo suficiente para a escolha. Assim, embora haja muitos deveres *diretamente éticos*, a legislação interna torna o resto deles, sem qualquer exceção, indiretamente éticos.

---

34. Em latim no original (*ius*). (n.t.)

Introdução
À Doutrina do Direito

Parágrafo A
O que é a Doutrina do Direito?

Denomina-se *doutrina do direito* (*ius*) a soma daquelas leis para as quais é possível uma legislação externa. Se houve realmente uma tal legislação, é a doutrina do direito positivo, e diz-se daquele nesta versado – o jurista (*iurisconsultus*) – que é experiente na lei (*iurisperitus*) quando não somente conhece leis externas, como também as conhece externamente, isto é, na sua aplicação a casos que ocorrem na experiência. Pode-se também dar o nome de jurisprudência[35] (*iurisprudentia*) a tal conhecimento; porém, na falta de ambas essas condições, ele permanece mera *ciência jurídica* (*iurisscientia*). Este último título diz respeito ao conhecimento sistemático da doutrina do direito natural (*ius naturae*), embora alguém versado nesta tenha que suprir os princípios imutáveis a qualquer legislação do direito positivo.

Parágrafo B
O que é o Direito?

Tal como a muito citada indagação "o que é a verdade?" formulada ao lógico, a questão "o que é o direito?" poderia certamente embaraçar o jurista, se este não quiser cair numa tautologia ou, ao invés de apresentar

---

35. ...*Rechtsklugheit*... (n.t.)

46 IMMANUEL KANT

INTRODUÇÃO À DOUTRINA DO DIREITO

uma solução universal, aludir ao que as leis em algum país em alguma época prescrevem. Ele pode realmente enunciar o que é estabelecido como direito (*quid sit iuris*), ou seja, aquilo que as leis num certo lugar e num certo tempo dizem ou disseram. Mas se o que essas leis prescreviam é também direito e qual o critério universal pelo qual se pudesse reconhecer o certo e o errado (*iustum et iniustum*), isto permaneceria oculto a ele, a menos que abandone esses princípios empíricos por enquanto e busque as fontes desses juízos exclusivamente na razão, visando a estabelecer a base para qualquer produção possível de leis positivas (ainda que leis positivas possam servir de excelentes diretrizes para isso). Como a cabeça de madeira da fábula de Fedro, uma doutrina do direito meramente empírica é uma cabeça possivelmente bela, mas infelizmente falta-lhe cérebro.

O conceito de direito, enquanto vinculado a uma obrigação a este correspondente (isto é, o conceito moral de direito) tem a ver, *em primeiro lugar*, somente com a relação externa e, na verdade, prática de uma pessoa com outra, na medida em que suas ações, como fatos, possam ter influência (direta ou indireta) entre si. Mas, *em segundo lugar*, não significa a relação da escolha de alguém com a mera aspiração (daí, por conseguinte, com a mera necessidade) de outrem, como nas ações de beneficência ou crueldade, mas somente uma relação com a escolha do outro. *Em terceiro lugar*, nessa relação recíproca de escolha, não se leva de modo algum em conta a *matéria* da escolha, isto é, o fim que cada um tem em mente com o objeto de seu desejo; não é indagado, por exemplo, se alguém que compra mercadorias de mim para seu próprio uso comercial ganhará com a transação ou não. Tudo que está em questão é a *forma* na relação de escolha por parte de ambos, porquanto a escolha é considerada meramente como livre e se a ação de alguém pode ser unida com a liberdade de outrem em conformidade com uma lei universal.

O direito é, portanto, a soma das condições sob as quais a escolha de alguém pode ser unida à escolha de outrem de acordo com uma lei universal de liberdade.

Parágrafo C

O princípio universal do Direito

"Qualquer ação é justa se for capaz de coexistir com a liberdade de todos de acordo com uma lei universal, ou se na sua máxima a liberdade de escolha de cada um puder coexistir com a liberdade de todos de acordo com uma lei universal."

Se, então, minha ação ou minha condição pode geralmente coexistir com a liberdade de todos de acordo com uma lei universal, todo aquele que obstaculizar minha ação ou minha condição me produz injustiça, pois este obstáculo (resistência) não pode coexistir com a liberdade de acordo com uma lei universal.

Disso também resulta que não se pode requerer que esse princípio de todas as máximas seja ele próprio, por sua vez, minha máxima, isto é, não pode ser exigido que *eu dele faça a máxima* de minha ação, pois qualquer um pode ser livre enquanto eu não prejudicar sua liberdade mediante minha ação externa, ainda que eu seja inteiramente indiferente à sua liberdade ou quisesse de coração violá-la. Que eu constitua como minha máxima *agir justamente* é uma exigência que a ética me impõe.

Assim, a lei universal do direito, qual seja, *age externamente de modo que o livre uso de teu arbítrio possa coexistir com a liberdade de todos de acordo com uma lei universal*, é verdadeiramente uma lei que me impõe uma obrigação, mas não guarda de modo algum a expectativa – e muito menos impõe a exigência – de que eu próprio devesse restringir minha liberdade a essas condições simplesmente em função dessa obrigação; em lugar disso, a razão diz apenas que a liberdade está limitada àquelas condições em conformidade com sua idéia e que ela pode também ser ativamente limitada por outros; e ela o diz como um postulado não suscetível de prova adicional. Quando o objetivo de alguém não é ensinar virtude, mas somente expor o que é o direito, não é permissível e nem deveríamos representar aquela lei do direito como ela mesma sendo o motivo da ação.

Parágrafo D
O Direito está ligado à competência de exercer coerção

A resistência que frustra o impedimento de um efeito promove este efeito e é conforme ele. Ora, tudo que é injusto é um obstáculo à liberdade de acordo com leis universais. Mas a coerção é um obstáculo ou resistência à liberdade. Conseqüentemente, se um certo uso da liberdade é ele próprio um obstáculo à liberdade de acordo com leis universais (isto é, é injusto), a coerção que a isso se opõe (como um *impedimento de um obstáculo à liberdade*) é conforme à liberdade de acordo com leis universais (isto é, é

48

INTRODUÇÃO À DOUTRINA DO DIREITO

justa). Portanto, ligada ao direito pelo princípio de contradição há uma competência de exercer coerção sobre alguém que o viola.

Parágrafo E

Um direito estrito pode também ser representado como a possibilidade de um uso inteiramente recíproco de coerção que é compatível com a liberdade de todos de acordo com leis universais

Esta proposição exprime, efetivamente, que o direito não deveria ser concebido como constituído por dois elementos, a saber, uma *obrigação* de acordo com uma lei e uma competência de quem, por meio de sua escolha, submete outrem à obrigação para coagi-lo a cumpri-la. Ao contrário, pode-se localizar o conceito do direito diretamente na possibilidade de vincular coerção recíproca universal com a liberdade de todos, isto é, tal como o direito geralmente tem como seu objeto somente o que é externo nas ações, o direito estrito – a saber, aquele que não está combinado com nada ético – requer apenas fundamentos externos para determinar a escolha, pois somente então é ele puro e não mesclado a quaisquer preceitos da virtude. Somente um direito completamente externo pode, assim, ser chamado de *estrito* (direito em sentido restrito). Este realmente se baseia na consciência de obrigação de todos de acordo com uma lei; mas, se for para permanecer puro, não é permissível e nem se pode recorrer a essa consciência como um motivo para determinar a própria escolha de acordo com essa lei. Ao contrário, o direito estrito se apóia no princípio de lhe ser possível usar constrangimento externo capaz de coexistir com a liberdade de todos de acordo com leis universais. Assim, quando se diz que um credor dispõe de um direito de exigir de seu devedor que pague sua dívida, isto não significa que ele pode lembrar o devedor que sua razão ela mesma o coloca na obrigação de fazer isso; significa, ao contrário, que a coerção que constrange a todos a pagar suas dívidas pode coexistir com a liberdade de todos, inclusive a dos devedores, de acordo com uma lei externa universal. Direito e competência de empregar coerção, portanto, significam uma e única coisa.

A lei de uma coerção recíproca necessariamente em harmonia com a liberdade de todos sob o princípio da liberdade universal é, por assim dizer, a *construção* daquele conceito, ou seja, a sua apresentação numa pura intuição *a priori*, por analogia com a apresentação da possibilidade dos corpos se movendo livremente sob a lei da *igualdade da ação e rea-*

ção. Na matemática pura não podemos deduzir as propriedades de seus objetos de forma imediata a partir de conceitos, podendo conhecê-las somente através da construção de conceitos. Analogamente, não é tanto o *conceito* de direito quanto, ao contrário, uma coerção plenamente recíproca e igual trazida sob uma lei universal e compatível com esta que torna possível a exposição desse conceito. Ademais, tal como um conceito puramente formal de matemática pura (por exemplo, da geometria) forma a base desse conceito dinâmico, a razão cuidou de fornecer o entendimento na medida do possível com intuições *a priori* para a construção do conceito de direito. Uma linha direita (*rectum*), que é reta, se opõe a uma que é curva, por um lado, e a uma que é oblíqua, por outro lado. Enquanto oposta a uma linha que é curva, a *retidão* é aquela *propriedade interna* de uma linha, de maneira que haja apenas *uma* linha entre dois pontos dados; enquanto oposta a uma linha oblíqua, a *retidão* é aquela posição de uma linha na direção de uma outra que a cruza ou a toca de tal modo que possa haver somente *uma* linha (a perpendicular) que não se incline mais para um lado do que para o outro e que divide o espaço igualmente em ambos os lados. Analogamente a isto, a doutrina do direito deseja estar certa de que *aquilo que pertence a cada um* foi determinado (com precisão matemática). Tal precisão não pode constituir expectativa na doutrina da virtude, a qual não pode recusar algum espaço para exceções (*latitudinem*). Mas sem que façamos incursões no domínio da ética, encontramos dois casos reivindicatórios de uma decisão em torno de direitos, embora ninguém possa ser encontrado para decidi-los, e que pertencem, por assim dizer, aos *intermundia* de Epicuro.[36] Devemos, primeiramente, separar esses dois casos da doutrina do direito propriamente dita, a qual estamos na iminência de abordar, de sorte que seus princípios inconstantes não venham a afetar os sólidos princípios básicos da doutrina do direito.

APÊNDICE À INTRODUÇÃO À DOUTRINA DO DIREITO

Do direito equívoco (*Ius aequivocum*)

Uma competência para exercer coerção está relacionada a qualquer direito em sentido restrito (*ius strictum*). Mas as pessoas pensam também em um direito num sentido *mais lato* (*ius latium*), no qual nenhuma lei

---

36. Epicuro de Samos (342? – 270 a.C.), filósofo grego. (n.t.)

50 IMMANUEL KANT

INTRODUÇÃO À DOUTRINA DO DIREITO

existe pela qual uma competência de exercer coerção pudesse ser determinada. Destes verdadeiros ou pretensos direitos há dois: a *eqüidade* e o *direito de necessidade*. A primeira admite um direito sem coerção; o segundo, a coerção sem um direito. Pode-se facilmente perceber que esta ambigüidade realmente surge do fato de haver casos nos quais um direito está em questão, mas para o qual não é possível apontar juiz algum para produzir uma decisão.

I – Eqüidade (*Aequitas*)

A *eqüidade* (considerada objetivamente) não é, de modo algum, uma base para meramente intimar outrem a cumprir um dever ético (ser benevolente e bondoso). Alguém que exige alguma coisa apoiado nessa base, ao contrario, se funda em seu *direito*, porém não possui as condições necessárias a um juiz para determinar em quanto ou de que maneira sua reivindicação poderia ser satisfeita. Supõe que os termos nos quais uma companhia comercial foi formada foram que os sócios deveriam dividir igualmente os lucros, mas que um sócio, entretanto, *fez* mais do que os outros e assim *perdeu* mais quando a companhia se defrontou com reveses. Por meio da *eqüidade* ele pode exigir mais da companhia do que apenas uma partilha igual juntamente com os outros. De acordo com o direito próprio (estrito), contudo, sua exigência encontraria uma recusa, pois se alguém cogitasse de um juiz neste caso, ele não disporia de dados (*data*) definidos que o capacitassem a decidir quanto é devido segundo o contrato. Ou supõe que um servo doméstico recebeu seus salários, no fim de um ano, em dinheiro que sofreu depreciação no intervalo, de modo que não pode comprar com ele o que poderia ter comprado com ele quando concluiu o contrato. O servo se vê impossibilitado de apelar para o seu direito de ser compensado quando obtém idêntica quantia de dinheiro, mas este apresenta valor desigual. Ele só pode apelar sob o fundamento da eqüidade (uma divindade muda que não pode ser ouvida), uma vez que nada foi especificado sobre isso no contrato e um juiz não pode fazer seu pronunciamento em conformidade com condições indefinidas.

Disso também se segue que uma *corte de eqüidade* (num conflito com outras em torno de seus direitos) envolve uma contradição. Somente onde concerne aos próprios direitos do juiz, e pode este tratar o caso para sua própria pessoa, pode e deveria ele dar ouvidos à eqüidade, como, por exemplo, quando a própria Coroa suporta os danos aos quais outros incorreram a seu serviço e em relação aos quais eles solicitam a ela que os indenize, ainda que ela possa indeferir a reivindicação deles com base no direito estrito sob o pretexto de que eles empreenderam esse serviço sob seu próprio risco.

A divisa (*dictum*) da eqüidade é: "o direito mais estrito é a maior injustiça (*summum ius summa iniuria*)". Mas este mal não pode ser remediado por meio do que é estabelecido como direito, embora diga respeito a uma reivindicação a um direito, pois esta reivindicação pertence apenas ao *tribunal da consciência* (*forum poli*), ao passo que toda questão do que é estabelecido como direito tem que ser apresentada ante o *direito civil* (*forum soli*).

II – O direito de necessidade (*Ius necessitatis*)

Supõe-se que este pretenso direito seja uma autorização a tirar a vida de outrem que nada faz para causar-me dano, quando corro o risco de perder minha própria vida. É evidente que, se houvesse tal direito, a doutrina do direito teria que estar em contradição consigo mesma, pois a questão aqui não é a de um agressor injusto que atenta contra minha vida e do qual me defendo privando-o de sua vida (*ius inculpatae tutelae*), caso no qual uma recomendação de mostrar moderação (*moderamen*) não tange ao direito, mas somente à ética. Trata-se, ao contrário, de uma questão de violência sendo permitida contra alguém que não empregou violência alguma contra mim.

Está claro que tal asserção não é para ser compreendida objetivamente, em termos do que prescreve uma lei, mas apenas subjetivamente, como a sentença que seria dada por uma corte. Em outras palavras, não pode haver lei penal que condene à morte alguém num naufrágio que, a fim de salvar a própria vida, empurra uma outra pessoa, cuja vida está igualmente em risco, para apanhar uma tábua mediante a qual salva a si mesmo, pois a punição com a qual a lei ameaça não poderia ser maior do que a perda de sua própria vida. Uma lei penal deste tipo seria incapaz de produzir o efeito desejado uma vez que a ameaça de um mal que é ainda *incerto* (a morte determinada por uma sentença judicial) não é capaz de superar o medo de um mal que é *certo* (ou seja, o afogamento). Conseqüentemente, o ato de salvar a própria vida por meio de violência não é para ser julgado *inculpável* (*inculpabile*) mas apenas *impunível* (*impunibile*), e graças a uma estranha confusão, os juristas consideram ser *impunidade objetiva* (conformidade com a lei) essa impunidade subjetiva.

A divisa do direito de necessidade é: "a necessidade não tem lei (*necessitas non habet legem*)". No entanto, não poderia haver necessidade alguma que fizesse o que é injusto se conformar à lei.

Vê-se que em ambas as avaliações do que é direito (em termos de um direito de eqüidade e um direito de necessidade), a equivocidade ou ambigüidade (*aequivocatio*) nasce do confundir a base objetiva com a subjetiva de exercer o direito (perante a razão e perante um tribunal). O que alguém por si mesmo reconhece com bons fundamentos como direito[37] não será confirmado por uma corte e o que ele deve necessariamente julgar como sendo por si *não direito*[38] é tratado com indulgência por uma corte, pois o conceito de direito nesses dois casos não é tomado no mesmo sentido.

DIVISÃO DA DOUTRINA DO DIREITO

A) Divisão geral dos deveres de direito

Pode-se acatar Ulpiano[39] na elaboração desta divisão, desde que se atribua às suas fórmulas um sentido que talvez ele não tenha nelas intelectualmente distinguido com clareza, mas que pode ser desenvolvido a partir delas ou nelas introduzido. São elas as seguintes:

1) *Sejas um ser humano honesto* (*honeste vive*). A honestidade em direito (*honestas iuridica*) consiste em afirmar a própria dignidade como um ser humano em relação aos outros, um dever expresso pelas palavras: "Não faças de ti mesmo apenas um meio para os outros, mas sejas simultaneamente um fim para eles." Este dever será explicado mais tarde como obrigação oriunda do direito de humanidade em nossa própria pessoa (*lex iusti*).

2) *Não prejudica ninguém* (*neminem laede*), mesmo que para evitá-lo devas romper o relacionamento com os outros e fugir de toda sociedade (*lex iuridica*).

---

37. ...*recht*... abriga os sentidos próximos e correlacionados, às vezes intercambiáveis, às vezes não, de direito, correto, certo, justo. Neste contexto o adjetivo *recht* parece não apresentar um sentido específico e restrito, mas suficientemente amplo para também incluir o sentido primordial de *justo*. (n.t.)

38. ...*unrecht*..., injusto. (n.t.)

39. Jurisconsulto romano do século III A.D. – Ver sua *Regras de Ulpiano* (edição bilíngüe – Latim/Português) Série Clássicos, Edipro, Bauru/SP, 2003.

3) (Se não puderes deixar de relacionar-te com os outros), *participa de uma associação com eles na qual cada um seja capaz de conservar o que é seu* (*suum cuique tribue*). Se traduzíssemos esta última fórmula por "Dá a cada um o que é seu", o que exprime seria absurdo, uma vez que não se pode dar a quem quer que seja alguma coisa que já tem. Para que tal fórmula fizesse sentido teria que se ler da seguinte maneira: "Participa de uma condição na qual o que pertence a cada um possa lhe ser assegurado contra todos os outros." (*lex iustitiae*).

Assim, as três fórmulas clássicas acima servem também como princípios para a divisão do sistema de deveres de direito em *deveres internos, deveres externos* e deveres que envolvem a dedução dos últimos do princípio dos primeiros por inclusão.

B) Divisão geral dos direitos

1) Os direitos,[40] como doutrinas sistemáticas, são divididos em *direito natural*, o qual se apóia somente em princípios *a priori*, e *direito positivo* (estatutório), o qual provém da vontade de um legislador.

2) A divisão superior dos direitos, como faculdades (morais) de submeter outrem a obrigações (isto é, como base legal, *titulum* para fazê-lo), é a divisão em direito *inato e adquirido*. Um direito inato é aquele que pertence a todos por natureza, independentemente de qualquer ato que estabelecesse um direito; um direito adquirido é aquele para o qual se requer tal ato.

O que é *inatamente* meu ou teu também pode ser qualificado como o que é *internamente* meu ou teu (*meum vel tuum internum*), pois o que é externamente meu ou teu tem sempre que ser adquirido.

Só há um direito inato

A liberdade (a independência de ser constrangido pela escolha alheia), na medida em que pode coexistir com a liberdade de todos os outros de acordo com uma lei universal, é o único direito original pertencente a todos os homens em virtude da humanidade destes. Este princípio de liberdade inata implica as seguintes competências, que não são realmen-

---

40.   ...*Der Rechte...* (n.t.)

54   IMMANUEL KANT
INTRODUÇÃO À DOUTRINA DO DIREITO

te distintas dela (como se fossem integrantes da divisão de algum conceito superior de direito): igualdade inata, isto é, independência de ser obrigado por outros a mais do que se pode, por sua vez, obrigá-los; daí uma qualidade humana de ser o seu próprio senhor (*sui iuris*), bem como ser um ser humano *irrepreensível* (*iusti*), visto que, antes de realizar qualquer ato que afete direitos, não causou dano algum a ninguém; e, finalmente, está autorizado a fazer aos outros qualquer coisa que em si mesma não reduza o que é deles, enquanto não quiserem aceitá-la – coisas como meramente comunicar suas idéias a eles, dizendo-lhes ou prometendo-lhes algo, quer o que diga seja verdadeiro e sincero ou falso e insincero (*veriloquium aut falsiloquium*), pois lhes cabe inteiramente se disporem a nele acreditar ou não.[41]

O propósito de introduzir tal divisão no sistema do direito natural (na medida em que concernente ao direito inato) é que quando ocorre uma disputa em torno de um direito adquirido e surge a questão de sobre quem recai o ônus da prova (*onus probandi*) sobre um fato controvertido ou, se isto é estabelecido, sobre um direito controvertido, alguém que se negue a aceitar essa obrigação pode recorrer metodicamente ao seu direito inato à liberdade (que é agora especificado em suas várias relações), como se estivesse recorrendo a vários fundamentos de direitos.

No tocante ao que é inatamente e, portanto, internamente *meu* ou *teu*, não há diversos direitos, mas sim apenas *um* direito. Visto que esta divisão superior consiste de dois componentes de conteúdo bastante desigual, pode ser inserida nos prolegômenos, e a divisão da doutrina do direito pode se referir apenas ao que é externamente meu ou teu.

---

41.   Dizer uma falsidade intencionalmente, ainda que por mera leviandade, é qualificado usualmente como uma *mentira* (*mendacium*) porque pode, inclusive, prejudicar alguém, ao menos na medida em que, se este alguém ingenuamente repeti-la, os outros o ridicularizarão como ingênuo. Entretanto, o único tipo de falsidade que pretendemos classificar como mentira, no sentido jurídico, é aquela que viola diretamente o direito alheio, por exemplo, a falsa alegação de que um contrato foi celebrado com alguém, feita com o fim de privá-lo do que é seu (*falsiloquium dolosum*). E esta distinção entre conceitos intimamente correlacionados não é destituída de fundamento, pois quando alguém meramente diz o que pensa, uma outra pessoa sempre permanece livre para tomá-lo como lhe agrade. Mas um falatório, que possui algum fundamento, de que se trata de um ser humano cuja palavra não é confiável se aproxima a tal ponto do opróbrio de classificá-lo de mentiroso que a linha fronteiriça que separa o que pertence ao *Ius** do que tem que ser destinado à ética só pode ser traçada precisamente dessa forma. [* Kant registra o termo latino com inicial maiúscula e não *Recht*. (n.t.)].

INTRODUÇÃO AO ESTUDO DO DIREITO • DOUTRINA DO DIREITO 55

INTRODUÇÃO À DOUTRINA DO DIREITO EDIPRO

Divisão da metafísica dos costumes como um todo

I

Todos os deveres são ou *deveres de direito* (*officia iuris*), quais sejam, deveres para os quais a legislação externa é possível, ou *deveres de virtude* (*officia virtutis s. ethica*), para os quais a legislação externa não é possível. Deveres de virtude não são suscetíveis de estarem submetidos à legislação externa simplesmente porque eles têm a ver com um fim o qual (ou cuja posse) é também um dever. Nenhuma legislação externa é capaz de fazer alguém estabelecer um fim para si mesmo (já que isto constitui um ato interno da mente), a despeito de lhe ser possível prescrever ações externas que conduzem a um fim sem que o sujeito o torne seu fim.

Mas por que é a doutrina dos costumes (moral) geralmente (em especial por Cícero)[42] chamada de doutrina dos *deveres,* e não também doutrina dos *direitos*, ainda que os direitos sejam correlatos aos deveres? A razão é que conhecemos nossa própria liberdade (da qual provêm todas as leis morais e assim todos os direitos, bem como os deveres) somente através do *imperativo moral*, que é uma proposição que ordena o dever, a partir do qual a faculdade de obrigar outrem, ou seja, o conceito de um direito, pode posteriormente ser desenvolvida.

II

Conforme a doutrina dos deveres, um ser humano pode e deve ser representado em termos de sua faculdade de liberdade, a qual é completamente suprassensível e, assim, também meramente em termos de sua *humanidade*, sua personalidade independente de atributos físicos (*homo noumenon*), na sua distinção do mesmo sujeito representado como afetado por atributos físicos, *um ser humano* (*homo phaenomenon*). Conseqüentemente, direito e finalidade, relacionados, por sua vez, ao dever nessa propriedade dupla, resultam na seguinte divisão:

---

42. Marco Túlio Cícero (106-43 a.C.), orador, advogado, político e filósofo eclético romano; defensor ardoroso da República romana e inimigo político de Caio Júlio César e dos adeptos do sistema imperial de governo. Seu assassinato foi ordenado pelo segundo triunvirato (formado por Otaviano, Antônio e Lépido). (n.t.)

Divisão de acordo com a relação objetiva da lei com o dever

Dever perfeito

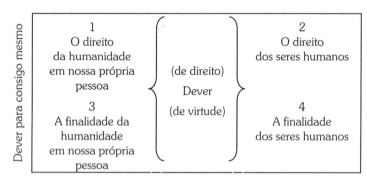

Dever imperfeito

III

Os sujeitos entre os quais se pode cogitar de uma relação de direito com dever (se admissível ou não) podem permanecer correlacionados de diferentes maneiras, o que possibilita também uma divisão desse ponto de vista.

Divisão de acordo com a relação do sujeito que impõe obrigação com o sujeito submetido à obrigação

1 A relação em termos de direitos dos seres humanos com seres que não possuem nem direitos nem deveres.	2 A relação em termos de direitos dos seres humanos com seres que possuem direitos bem como deveres.
Vacat (não há)... pois estes são seres aos quais falta razão, que não podem nem nos obrigar nem pelos quais possamos ser obrigados.	*Adest (há)...* pois esta é uma relação de seres humanos com seres humanos.

3	4
A relação em termos de direitos dos seres humanos com seres que possuem apenas deveres, mas não direitos.	A relação em termos de direitos dos seres humanos com um ser que possui somente direitos, mas não deveres (Deus).
Vacat (não há)... pois estes seriam seres humanos sem personalidade (servos, escravos).	*Vacat (não há)...* ao menos na filosofia, uma vez que este ser não é um objeto de experiência possível.

Assim, unicamente no número 2 é encontrada uma relação *real* entre direito e dever. A razão para não ser encontrada no número 4 é que este seria um dever *transcendente*, isto é, um dever para o qual nenhum sujeito externo correspondente impondo a obrigação pode ser dado, de modo que a relação aqui é somente *ideal* de um ponto de vista teórico, isto é, uma relação com uma *entidade de pensamento*. Nós mesmos produzimos o conceito desse ser, mas este conceito não é completamente vazio; em lugar disso, é fecundo com referência a nós mesmos e às máximas da moralidade interna, e assim para um propósito prático interno, na medida em que todo o nosso *dever imanente* (realizável) reside unicamente nessa relação, a qual só pode ser *pensada*.

Da divisão da moral[43] como um sistema de deveres em geral

Doutrina dos elementos			Metodologia	
Deveres de direito		Deveres de virtude	Didática	Ascética
Direito privado	Direito público			

...e assim por diante, tudo...

...que envolve não somente o conteúdo de uma doutrina científica dos costumes, mas também sua forma arquitetônica, uma vez que seus princípios metafísicos estabeleceram por completo seus princípios universais.

---

43. Kant utiliza aqui o termo *Moral* e não *Sittlichkeit*. (n.t.)

A divisão superior do direito natural não pode ser a divisão (por vezes feita) em direito *natural* e direito *social*; em lugar disso, tem que ser a divisão em *direito natural* e *direito civil*, o primeiro sendo chamado de *direito privado* e o segundo, de *direito público*, pois o estado de natureza não se opõe à condição *social*, mas sim à condição *civil*, visto ser certamente possível haver sociedade no estado de natureza, mas não sociedade *civil* (a qual garante o que é meu e teu mediante leis públicas). Esta é a razão porque o direito num estado de natureza é chamado de direito privado.

A DOUTRINA
UNIVERSAL DO DIREITO

PARTE I
DIREITO PRIVADO

No tocante ao que é externamente meu ou teu em geral

Capítulo I
COMO TER ALGUMA COISA EXTERNA COMO SUA

§ 1

É juridicamente meu (*meum iuris*) aquilo com o que estou de tal forma ligado que o seu uso por parte de outrem sem meu consentimento me prejudicaria. A condição subjetiva de qualquer uso possível é a *posse*.

Mas alguma coisa externa seria minha somente se eu pudesse assumir que poderia ser prejudicado pelo uso de uma coisa por outrem, ainda que eu não esteja de posse dela. Assim, seria contraditório dizer que tenho alguma coisa externa como pertencente a mim se o conceito de posse não pudesse ter distintos significados, a saber, *posse sensível* e *posse inteligível*, podendo-se entender pela primeira a posse física, mas pela segunda tão-só uma posse jurídica do mesmo objeto.

Porém, a frase "um objeto é exterior a mim" pode significar ou que é um objeto meramente distinto de mim (o sujeito) ou, então, que ele também é para ser encontrado numa outra localização (*positus*) no espaço ou tempo. Somente se entendida no primeiro sentido pode a posse ser pensada como posse racional; se tomada no segundo sentido, teria que ser chamada de posse empírica. A posse *inteligível* (se é que isto é possível) é posse de um objeto sem que dele se tenha a ocupação (*detentio*).

§ 2 – Postulado da razão prática no que tange aos direitos

É possível, para mim ter qualquer objeto externo de minha escolha como meu, isto é, uma máxima segundo a qual, se fosse para se tornar uma lei, um objeto de escolha teria *em si mesmo* (objetivamente) que pertencer a ninguém (*res nullius*), é contrária à lei.

Assim é porque um objeto de minha escolha é alguma coisa para cujo uso disponho de poder físico. Se não estivesse, contudo, absolutamente em meu poder jurídico dele fazer uso, ou seja, se seu uso não pudesse coexistir com a liberdade de todos de acordo com uma lei universal (fosse injusto), então a liberdade estaria privando a si mesma do uso de sua escolha quanto a um objeto de escolha, colocando objetos utilizáveis além de qualquer possibilidade de serem usados; em outras palavras, os aniquilaria no aspecto prático *e* os transformaria em *res nullius*, ainda que no uso das coisas a escolha fosse formalmente compatível com a liberdade externa de todos de acordo com leis universais. Mas visto que a pura razão prática formula apenas leis formais como a base para o uso da escolha e, deste modo, faz abstração de sua matéria, isto é, de outras propriedades do objeto *desde apenas que se trate de um objeto de escolha*, pode não conter proibição absoluta alguma contrária ao uso de um tal objeto, uma vez que isto seria uma contradição da liberdade exterior consigo mesma. Mas um objeto de minha *escolha é* aquele para o qual disponho de capacidade física de usar como me agrade, aquele cujo uso está em meu *poder* (*potentia*). Isto deve ser distinguido de ter o mesmo objeto sob meu controle (*in potestatem meam redactum*), o que pressupõe não apenas uma capacidade, mas também um *ato* de escolha. Mas para *pensar em* alguma coisa simplesmente como um objeto de minha escolha basta-me estar consciente de tê-lo no meu poder. É, portanto, uma pressuposição *a priori* da razão prática considerar e tratar qualquer objeto de minha escolha como algo que pudesse objetivamente ser meu ou teu.

Este postulado pode ser chamado de lei permissiva (*lex permissiva*) da razão prática, a qual nos concede uma competência que não poderia ser obtida de meros conceitos de direito enquanto tais, *a saber*, submeter todos os demais a uma obrigação que, de outra maneira, não teriam de se absterem de usar certos objetos de nossa escolha porque fomos os primeiros a ter deles a posse. É vontade da razão que isto seja válido como um princípio e ela o faz como razão *prática*, a qual se estende *a priori* por este postulado de razão.

Um princípio[44] *teórico a priori*, nomeadamente, uma intuição *a priori* teria que constituir a base do conceito dado (como estabelecemos na *Crítica da Razão Pura*); e assim alguma coisa teria que ser somada ao conceito de posse de um objeto. Entretanto, com esse princípio prático, segue-se o procedimento oposto e todas as condições da intuição que estabelecem a posse empírica têm que ser eliminadas (desconsideradas) a fim de estender o conceito de posse além de posse empírica e capacitar-se a dizer: é possível a qualquer objeto externo de minha escolha ser estimado como juridicamente meu se eu tiver o controle dele (e somente na medida em que eu tiver o controle dele) sem que tenha a posse dele.

A possibilidade desse tipo de posse e, assim, a dedução do conceito de *posse não empírica*, se fundam no postulado da razão prática no que toca aos direitos, a saber: "que é um dever de direito agir com os outros de sorte que o que é externo (utilizável) possa também se tornar de alguém", juntamente com a exposição do conceito de um objeto externo que pertença a alguém, uma vez que esse conceito se apóia simplesmente naquele de posse não física. Não há, contudo, meio de provar de *per si* a possibilidade da posse não física ou de ter qualquer discernimento dela (exatamente porque trata-se de um conceito racional para o qual não pode ser dada nenhuma intuição correspondente); sua possibilidade é, ao contrário, uma conseqüência imediata do postulado referido, pois se é necessário agir de acordo com esse princípio de direito, sua condição inteligível (uma posse meramente jurídica) tem, então, também que ser possível. Que ninguém se surpreenda que princípios teóricos sobre objetos externos que são meus ou teus se percam no inteligível e não representem ampliação alguma de conhecimento, visto que nenhuma dedução teórica pode ser dada à possibilidade do conceito de liberdade no qual estão baseados. Só pode ser inferida da lei prática da razão (o imperativo categórico) como um fato da mesma.

§ 3

Quem quer que queira afirmar que tem uma coisa como pertencente a si tem que estar de posse de um objeto, posto que de outra maneira não poderia ser prejudicado pelo uso que outrem dele fizesse sem seu consentimento, pois se alguma coisa exterior a esse objeto, que não está a este ligada mediante direitos, afetasse o objeto, não seria capaz de afetar ele mesmo (o sujeito) e causar-lhe qualquer mal.

---

44. No original, *In einem* (Num). (n.t.)

§ 4 – Exposição do conceito de objetos externos que são meus ou teus

Só pode haver três objetos externos de minha escolha: 1) uma coisa (corpórea) externa a mim; 2) a escolha de outrem de realizar um ato específico (*praestatio*); 3) o estado de outrem em relação a mim. Estes são objetos de minha escolha em termos das categorias de *substância, causalidade e comunidade* entre eu mesmo e objetos externos de acordo com leis da liberdade.

a) Não posso qualificar um objeto no espaço (uma coisa corpórea) como *meu,* a menos que, embora não tenha a posse física dele, eu possa ainda afirmar que tenho uma outra (por conseguinte, não física) posse dele. Assim, não qualificarei de minha uma maçã por tê-la na mão (possuí-la fisicamente), mas somente se puder dizer que a possuo mesmo que a deposite em algum lugar, não importa qual. Do mesmo modo, não serei capaz de dizer que a terra na qual me instalei é minha porque me encontro nela, mas somente se puder afirmar que ainda permaneço de posse dela ainda que eu tenha abandonado o lugar; pois alguém que tentasse no primeiro caso (da posse empírica) tirar à força a maçã de minha mão ou arrastar-me para longe do meu leito, efetivamente me prejudicaria no tocante ao que é *internamente* meu (a liberdade); porém, não me prejudicaria no tocante ao que é *externamente* meu, a não ser que eu pudesse asseverar que estou de posse do objeto, mesmo sem dele me apossar. Não poderia, então, qualificar de meus esses objetos (a maçã e o leito).

b) Não posso qualificar de *minha* a prestação de alguma coisa por escolha de outro, se tudo que estou capacitado a dizer é que ela passou à minha posse ao mesmo tempo que ele a prometeu (*pactum re initum*), mas somente se eu puder afirmar que estou de posse da escolha do outro (para determinar essa prestação) ainda que o tempo para a prestação ainda esteja por chegar. A promessa do outro está, portanto, incluída nos meus pertences e bens (*obligatio activa*) e eu posso computá-la como minha não apenas se (como no primeiro caso) eu já tiver em minha posse o que foi prometido, mas mesmo que ainda não o possua. Assim, *devo* ser capaz de pensar que estou de posse desse objeto independentemente de estar limitado por condições temporais e, portanto, independentemente da posse empírica.

c) Não posso qualificar de *meus* uma mulher, uma criança, um criado e, em geral, uma outra pessoa porque agora os tenho a meu cargo

INTRODUÇÃO AO ESTUDO DO DIREITO • DOUTRINA DO DIREITO | 65
A DOUTRINA UNIVERSAL DO DIREITO – DIREITO PRIVADO | EDIPRO

como membros de minha casa ou os tenho sob minha força e meu controle, estou de posse deles, mas somente se, a despeito de terem se afastado desse constrangimento e eu não os possua (empiricamente), possa eu ainda dizer que os possuo meramente por meio de minha vontade – daí tão-só juridicamente – enquanto eles existirem em algum lugar ou em algum tempo. Somente se e na medida em que eu possa afirmá-lo estarão eles incluídos em meus pertences.

§ 5 – Definição do conceito de objetos externos que são meus ou teus

A *definição nominal* do que é externamente *meu* – aquela que basta apenas para distinguir o objeto de todos os demais e emerge de uma exposição completa e determinada do conceito – seria esta: que fora de mim é externamente meu o que constituísse uma lesão (uma violação à minha liberdade que pode coexistir com a liberdade de todos de acordo com uma lei universal) para impedir-se um uso arbitrário. Mas a *definição real* deste conceito – aquele que também é suficiente para a dedução dele (cognição da possibilidade do objeto) – é expressa assim: alguma coisa externa é minha se eu fosse lesado ao ser perturbado no meu uso dela, *ainda que eu não esteja de posse dela* (sem me apoderar do objeto). Tenho que estar de alguma forma de posse de um objeto externo, se for para qualificá-lo como meu, pois de outra maneira alguém que afetasse esse objeto contra minha vontade não me afetaria também e, assim, não me lesaria. Portanto, em conseqüência do parágrafo 4, é necessário supor a possibilidade da posse inteligível (*possessio noumenon*) se é para alguma coisa externa ser minha ou tua. A posse empírica (ocupação) é então apenas posse *aparente* (*possessio phaenomenon*), embora o objeto ele mesmo que possuo não seja aqui tratado, como foi na Analítica transcendental, como uma aparência, mas como uma coisa em si, pois lá a razão dizia respeito ao conhecimento teórico da natureza das coisas e até que ponto podia se estender; aqui, todavia, diz respeito à determinação prática da escolha de acordo com leis da liberdade, quer o objeto possa ser conhecido através dos sentidos ou através do puro entendimento somente, e o direito é um *conceito racional* puro, prático da escolha sob as leis da liberdade.

Pela mesma razão não é apropriado falar de possuir um direito a este ou àquele objeto, mas de possuí-lo *apenas juridicamente*, pois um direito já é uma posse intelectual de um objeto e não faria sentido falar de possuir uma posse.

§ 6 – Dedução do conceito de posse meramente jurídica de um objeto externo (*possessio noumenon*)

A questão *como é possível que alguma coisa externa seja minha ou*[45] *tua?* se resolve na questão: *como é possível a posse* meramente jurídica (inteligível)? e esta, por sua vez, numa terceira questão: *como é possível uma proposição* sintética a priori *sobre o direito?*

Todas as proposições sobre o direito são proposições *a priori,* uma vez que são leis de razão (*dictamina rationis*). Uma proposição *a priori* sobre o direito relativa à posse empírica é *analítica,* porque nada mais expressa do que o resultante da posse empírica de acordo com o princípio de contradição, *qual seja, que se estou* em poder *de uma coisa*[46] (e assim fisicamente ligado a ela), alguém que a afete sem meu consentimento (por exemplo, arrebata uma maçã de minha mão) afeta e diminui o que é internamente meu (minha liberdade), de sorte que sua máxima está em direta contradição com o axioma do direito.[47] Assim, a proposição sobre posse empírica em conformidade com direitos não ultrapassa o direito de uma pessoa com respeito a si mesma.

Por outro lado, uma proposição sobre a possibilidade de possuir uma coisa *externa a mim mesmo,* que põe de lado quaisquer condições de posse empírica no espaço e tempo (e, daí, pressupõe a possibilidade da *possessio noumenon*) vai além dessas condições limitadoras; e visto que afirma a posse de alguma coisa sem sua *ocupação,* como necessário ao conceito de alguma coisa externa que é minha ou tua, é *sintética.* Cabe à razão, então, a tarefa de mostrar como uma tal proposição – que ultrapassa o conceito de posse empírica – é possível *a priori.*

Desta forma, por exemplo, tomar posse de um pedaço de terra separado é um ato de escolha particular sem ser, por isso, arbitrário. O possuidor funda seu ato numa posse inata em comum da superfície da terra e numa vontade geral que lhe corresponde *a priori,* que permite sua posse privada (de outra maneira, coisas desocupadas seriam tornadas

---

45. Aqui, e em geral em todo o contexto da doutrina do direito, Kant emprega *und* e não *oder,* mas a idéia expressa sempre implica em distinção entre o *meu* e o *teu* e não em adição, pelo que preferimos *ou.* (n.t.)

46. ...*dass nämlich, wenn ich* Inhaber *einer Sache...* Kant se refere ao conceito de *occupatio* do direito romano. (n.t.)

47. Acerca do axioma do direito, ver o ensaio de Kant intitulado *Do pretenso direito de mentir por motivos benevolentes.* (n.t.)

INTRODUÇÃO AO ESTUDO DO DIREITO • DOUTRINA DO DIREITO 67
A DOUTRINA UNIVERSAL DO DIREITO – DIREITO PRIVADO EDIPRO

em si mesmas, e de acordo com uma lei, coisas que a ninguém pertencem). Por ser o primeiro a tomar posse, ele originariamente adquire um definido pedaço de terra e resiste mediante o direito (*iure*) a qualquer outra pessoa que lhe barrasse fazer uso privado dele. Contudo, posto que ele se acha num estado de natureza, não pode fazê-lo por meio de procedimentos legais (*de iure*) porque realmente não existe qualquer lei pública nesse estado.

Mesmo que um pedaço de terra fosse considerado livre ou declarado como tal, isto é, aberto ao uso de qualquer um, poder-se-ia ainda não dizer que é livre por natureza ou originalmente livre antes de qualquer ato estabelecendo um direito, pois se trataria novamente de uma relação com coisas, nomeadamente com a terra, a qual negaria a posse de si mesma a qualquer um; ao contrário, dir-se-ia que esta terra é livre devido a uma proibição dirigida a todos quanto a dela se fazer uso, e por isto se requer a posse dela em comum, o que não pode ocorrer sem um contrato. Entretanto, a terra que só pode ser livre dessa maneira tem realmente de estar de posse de todos aqueles (reunidos) que proíbam ou suspendam o uso recíproco dela.

Essa comunidade original da terra e juntamente de tudo que toca a ela (*communio fundi originaria*) é uma idéia que possui realidade objetiva (juridicamente prática). Este tipo de comunidade deve ser nitidamente distinguido de uma comunidade primitiva (*communio primaeva*), a qual é uma ficção, pois uma comunidade primitiva teria que ser a que fosse instituída e que surgisse de um contrato pelo qual todos renunciassem às posses particulares e, unindo suas posses àquelas de todos os outros, as transformassem numa posse coletiva – e a história teria que nos fornecer evidência de um tal contrato. Mas é contraditório afirmar que um tal procedimento seja um *tomar posse original* e que cada homem pudesse e devesse ter baseado nele a sua posse particular.

Residir na terra (*sedes*) deve ser distinguido de estar de posse (*possessio*) dela, e *instalar-se* ou *fixar-se* (*incolatus*), que é uma posse privada duradoura de um lugar dependente da presença do sujeito nele, deve ser distinguido de tomar posse da terra com a intenção de algum dia adquiri-la. Não estou falando aqui sobre instalar-se como um segundo ato de estabelecer um direito, o que pode ou seguir-se à tomada de posse ou não ocorrer de modo algum, pois o instalar-se deste tipo não seria posse original, mas seria posse derivada do consentimento de outros.

A posse meramente física da terra (sua ocupação) já é um direito a uma coisa, embora certamente não por si suficiente para considerá-la como minha. Relativa a outros, visto que (na medida do que se sabe) é primeira posse, é coerente com o princípio da liberdade externa e também está envolvida na posse original em comum, que proporciona *a priori* a base sobre a qual qualquer posse privada é possível. Conseqüentemente, interferir com o uso de um pedaço de terra pelo seu primeiro ocupante significa lesá-lo. Realizar a primeira tomada de posse tem, portanto, uma base jurídica (*titulus possessionis*), que é posse original em comum; e o brocardo "Felizes são aqueles que têm a posse" (*beati possidentes*), porque ninguém ser obrigado a certificar sua posse é um princípio básico de direito natural, o qual estabelece o tomar a primeira posse como uma base jurídica de aquisição com a qual pode contar todo primeiro possuidor.

§ 7 – Aplicação a objetos da experiência do princípio de que é possível para alguma coisa externa ser minha ou tua

O conceito de *posse meramente jurídica* não é um conceito empírico (dependente de condições de espaço e tempo) e, no entanto, detém realidade prática, ou seja, tem que ser aplicável a objetos da experiência, cujo conhecimento depende dessas condições. A maneira de proceder com o conceito de um direito no que respeita a tais objetos, de sorte que possam ser objetos externos que sejam meus ou teus, é o que se segue. Uma vez que o conceito de um direito é simplesmente um conceito racional, não pode ser aplicado *diretamente* a objetos da experiência e ao conceito de posse empírica, tendo que ser primeiramente aplicado ao conceito puro do entendimento de *posse* em geral. Assim, o conceito ao qual o conceito de um direito é diretamente aplicado não é o de *ocupação* (*detentio*), que é um modo empírico de pensar a posse, mas o conceito de *ter*, no qual é feita abstração de todas as condições espaciais e temporais e o objeto *é pensado* somente como *sob meu controle* (*in potestate mea positum esse*). Assim, também, a expressão *externo* não significa *existente num lugar distinto de onde eu estou*, ou que minha decisão e aceitação estão ocorrendo num tempo diferente daquele da oferta; significa apenas um objeto *distinto* de mim. Ora, a razão prática exige de mim, por força de sua lei do direito, que eu aplique *meu* ou *teu* aos objetos, não de acordo com condições sensíveis, mas as abstraindo, visto que tem a ver com uma determinação de escolha de acordo com

INTRODUÇÃO AO ESTUDO DO DIREITO • DOUTRINA DO DIREITO

A DOUTRINA UNIVERSAL DO DIREITO – DIREITO PRIVADO

leis da liberdade e também de mim exige que pense na posse deles dessa forma, posto que somente um *conceito do entendimento* pode ser incluído sob conceitos de direito. Direi, portanto, que possuo um campo, ainda que esteja num lugar completamente diferente de onde estou realmente, pois estamos falando aqui somente de uma relação intelectual com um objeto, na medida em que o tenho *sob meu controle* (o *conceito de posse* do entendimento *independente* de determinações espaciais) e o objeto é *meu* porque minha vontade para usá-lo como me agrade não entra em conflito com a lei da liberdade externa. Aqui a razão prática requer que pensemos a posse *separada* da posse desse objeto de minha escolha na aparência (ocupando-o), pensá-la não em termos de conceitos empíricos, mas conceitos do entendimento, aqueles que possam conter condições *a priori* de conceitos empíricos. Nisto está baseada a validade de tal conceito de posse (*possessio noumenon*), como uma legislação que é válida para todos, pois essa legislação está envolvida na expressão "este objeto externo é *meu*", visto que por ela uma obrigação é estabelecida sobre todos os outros, que de outra maneira não teriam de se absterem do uso do objeto.

Assim, a forma de *ter* alguma coisa externa como o que é *meu* consiste numa ligação meramente jurídica da vontade do sujeito com aquele objeto de acordo com o conceito de posse inteligível, independentemente de qualquer relação com ele no espaço e tempo. Não é porque ocupo um lugar sobre a Terra com meu corpo que este lugar é alguma coisa externa que é minha (pois concerne somente à minha liberdade externa, daí somente a posse de mim mesmo, não uma coisa externa a mim, de modo que é apenas um direito interno). É meu se eu ainda o possuir, embora o tenha abandonado por outro lugar; somente então é meu direito externo envolvido. E qualquer um que queira fazer da minha contínua ocupação desse lugar por minha pessoa a condição de eu *tê-lo* como *meu* terá ou que asseverar que não é, de modo algum, possível ter alguma coisa externa como minha (o que conflitua com o postulado do § 2), ou exigir que, para tê-lo como meu, eu esteja em dois lugares ao mesmo tempo: posto que isto equivale a dizer que me cabe estar num lugar e também não estar neste, ele se contradiz.

Isso também pode ser aplicado ao caso de eu ter aceito uma promessa, pois meu *ter* e posse no que foi prometido não são anulados pelo fato do promitente declarar numa ocasião que "esta coisa é para ser tua" e, então, numa ocasião posterior declarar sobre a mesma coisa que "É agora minha vontade que ela não seja tua", pois em tais relações intelectuais é como se o promitente houvesse dito, sem qualquer tempo entre as duas declarações de sua vontade "isto é para ser teu" e também "isto não é para ser teu", o que é contraditório.

O mesmo vale para o conceito de posse jurídica de uma pessoa, enquanto incluída nos haveres do sujeito (sua mulher, criança, criado). Esta comunidade doméstica e a posse de sua respectiva *condição* de todos os seus membros face a face entre si não são extintos por serem autorizados a se separarem uns dos outros e se dirigirem para lugares distintos, pois o que os liga é uma relação *em termos de direito* e o que é externamente meu ou teu aqui está baseado, como nos casos anteriores, inteiramente na hipótese de que a posse puramente racional sem ocupação mútua é possível.

A razão juridicamente prática é forçada a uma crítica de si mesma no conceito de alguma coisa externa que é minha ou tua, e isto mediante uma antinomia de proposições concernentes à possibilidade de um tal conceito, *ou seja*, somente mediante uma dialética inevitável na qual tanto tese quanto antítese realizam iguais reivindicações pela validade de duas condições incompatíveis entre si é a razão forçada, mesmo em seu uso prático (que tem a ver com direitos) a fazer uma distinção entre *posse* como aparência e *posse* pensável meramente pelo entendimento.

A tese diz: *é possível* ter alguma coisa externa como minha, ainda que eu não esteja de posse dela.

A antítese diz: *não é possível* ter alguma coisa externa como minha, a menos que eu esteja de posse dela.

Solução: ambas as proposições são verdadeiras, a primeira, se eu entender pela palavra *posse*, posse empírica (*possessio phaenomenon*); a segunda, se eu por ela entender pura posse inteligível (*possessio noumenon*). Todavia, não podemos compreender como é possível a posse inteligível e, assim, como é possível que alguma coisa externa seja minha ou tua, tendo nós que inferi-lo do postulado da razão prática. No tocante a este postulado, cumpre destacar em especial que a razão prática amplia a si mesma sem intuições e sem mesmo necessitar quaisquer que sejam *a priori*, meramente omitindo condições empíricas, como lhe é justificado fazer pela lei da liberdade. Deste modo pode formular proposições sintéticas *a priori* sobre o direito, cuja prova (como será em breve demonstrado) pode ser posteriormente aduzida, num aspecto prático, de um modo analítico.

§ 8 – É possível ter alguma coisa externa como sua somente numa condição jurídica, sob uma autoridade que legisla publicamente, ou seja, numa condição civil

Quando declaro (por palavras ou atos) que *é minha vontade que alguma coisa externa deve ser minha* declaro com isso que todos os demais estão obrigados a se absterem do uso daquele objeto de minha escolha, uma obrigação que ninguém teria se não fora por este meu ato de estabelecer um direito. Esta pretensão, entretanto, envolve o reconhecimento de que eu, por minha vez, estou obrigado em relação a todo outro a me abster de usar o que é externamente seu, pois a obrigação aqui surge de uma regra universal que tem a ver com relações jurídicas externas. Não estou, por conseguinte, obrigado a deixar intocáveis objetos externos pertencentes a outros, a menos que todos os demais me proporcionem garantia de que se comportarão segundo o mesmo princípio com respeito ao que é meu. Essa segurança não requer um ato especial para estabelecer um direito, mas já está encerrada no conceito de obrigação correspondente a um direito externo, uma vez que a universalidade, e com esta a reciprocidade, da obrigação surge de uma regra universal. Ora, uma vontade unilateral não pode servir como uma lei coercitiva para todos no que toca à posse que é externa e, portanto, contingente, já que isso violaria a liberdade de acordo com leis universais. Assim, é somente uma vontade submetendo todos à obrigação, conseqüentemente somente uma vontade coletiva e geral (comum) e poderosa é capaz de suprir a todos tal garantia. Contudo, a condição de estar submetido a uma legislação externa geral (isto é, pública) acompanhada de poder é a *condição civil*. Conclui-se que apenas numa condição civil pode alguma coisa externa ser minha ou tua.

Conseqüência: se fosse necessariamente possível, do ponto de vista dos direitos, ter um objeto externo como seu, ao sujeito teria também que ser permitido constranger a todos os outros com os quais entrasse em conflito, relativamente a um objeto externo ser seu ou alheio, a ingressar com ele numa Constituição civil.

§ 9 – Em um estado de natureza, alguma coisa externa pode realmente ser minha ou tua, mas apenas provisoriamente

Quando as pessoas vivem sob uma Constituição civil, as leis estatutórias existentes nesta condição não podem violar o direito natural (isto é, o direito deduzível de princípios a favor da Constituição civil); e, assim, o princípio jurídico "quem quer que aja com base numa máxima que impossibilita que eu tenha um objeto de minha escolha como meu me prejudica" permanece em vigor, pois uma Constituição civil é precisamente a condição jurídica pela qual o que pertence a cada um é apenas assegurado, porém não realmente estabelecido e determinado. Qualquer garantia, então, já pressupõe o que pertence a alguém (a quem ela assegura). Antes de uma Constituição civil (ou na abstração desta), a possibilidade de objetos externos que são meus ou teus tem, portanto, que ser assumida e com eles um direito de constranger a todos com os quais pudéssemos entreter quaisquer negociações para que conosco ingressassem numa Constituição na qual objetos externos podem ser assegurados como meus ou teus. A posse em antecipação e preparação para a condição civil, que pode ser baseada somente numa lei de uma vontade comum, posse esta que, por conseguinte, se harmoniza com a possibilidade de uma tal condição, é posse *provisoriamente jurídica*, enquanto a posse encontrada numa condição civil real seria posse *definitiva*. Antes de ingressar nessa condição, um sujeito que está pronto para ela resiste com direito àqueles que não desejam se submeter a ela e que querem interferir com sua posse presente, pois a vontade de todos os outros, exceto ele mesmo, a qual propõe submetê-lo à obrigação de renunciar a uma certa posse, é meramente *unilateral* e, conseqüentemente, tem tão pouca força legal em negar-lhe a posse quanto tem ele em afirmá-la (uma vez que esta só pode ser encontrada numa vontade geral), ao passo que ele, ao menos, detém a vantagem de ser compatível com a introdução e o estabelecimento de uma condição civil. Em síntese, o modo de ter alguma coisa externa como sua num *estado de natureza* é posse física que tem a seu favor a presunção jurídica de que será convertida em posse jurídica através de sua união com a vontade de todos numa legislação pública, e em antecipação a isto é válida *comparativamente* como posse jurídica.

De acordo com a fórmula *Felizes são aqueles que têm a posse* (*beati possidentes*), esta prerrogativa do direito resultante da posse empírica não consiste em ser desnecessário ao possuidor – visto que se presume ser ele um homem honesto – fornecer prova de que sua posse se conforma ao direito (pois isto vale somente em disputas acerca de direitos). Essa prerrogativa, ao contrário, nasce da faculdade por todos possuída, segundo o postulado da razão prática, de ter um objeto externo de sua escolha como seu. Conseqüentemente, qualquer ocupação de um objeto externo é uma condição cuja conformidade com o direito é baseada naquele postulado por meio de um prévio ato da vontade, e enquanto essa condição não conflituar com a posse anterior de outrem do mesmo objeto, o possuidor estará provisoriamente justificado, de acordo com a lei da liberdade externa, a impedir qualquer um que não queira ingressar com ele numa condição de liberdade pública legal de usurpar o uso daquele objeto para dispor para seu próprio uso, em conformidade com o postulado da razão, uma coisa que, de outra maneira, seria praticamente aniquilada.

Capítulo II
COMO ADQUIRIR ALGUMA COISA EXTERNA

§ 10 – Princípio geral da aquisição externa

Eu adquiro alguma coisa quando faço (*efficio*) com que se torne *minha*. Alguma coisa externa é originalmente minha quando me pertence sem qualquer ato que estabeleça um direito a ela. Mas a aquisição original é a que não é derivada daquilo que é de outrem.

Nada externo é originalmente meu, porém pode ser realmente adquirido originalmente, isto é, sem ser derivado do que é de outrem. Uma condição de comunidade (*communio*) do que é meu ou teu jamais pode ser pensada como sendo original, mas tem que ser adquirida (por um ato que estabelece um direito externo), ainda que a posse de um objeto externo possa originalmente ser somente posse em comum. Mesmo se alguém pensar (problematicamente) numa comunidade *original* (*communio mei et tui originaria*), deve ainda assim ser distinguida de uma comunidade *primitiva* (*communio primaeva*), a qual se supõe ter sido instituída no mais remoto tempo das relações de direitos entre seres humanos e não pode ser baseada, como a primeira, em princípios, mas apenas na história; embora primitiva, teria sempre que ser pensada como sendo adquirida e derivada (*communio derivata*).

O princípio da aquisição externa é o seguinte: é meu o que trago para o meu controle (de acordo com a lei da liberdade exterior); o que, como um objeto de minha escolha, é alguma coisa para cujo uso tenho capacidade (conforme o postulado da razão prática); e o que, finalmente, *quero* que seja meu (em conformidade com a idéia de uma *vontade unida possível*).

Os aspectos (*attendenda*) da aquisição original são, portanto: 1) *Apreensão* de um objeto que não pertence a ninguém, já que de outra maneira a apreensão entraria em conflito com a liberdade alheia de acordo com leis universais. A apreensão é tomar posse de um objeto de escolha no espaço e no tempo, de modo que a posse na qual me instauro é *possessio phaenomenon*; 2) *Indicação* (*declaratio*) de minha posse desse objeto e de meu ato de escolha no sentido de excluir qualquer outra pessoa dele; 3) *Apropriação* (*appropriatio*) como o ato de uma vontade geral (em idéia) produzindo uma lei externa pela qual todos ficam obrigados a assentir com minha escolha. A validade deste último aspecto da aquisição, sobre o qual repousa a conclusão "este objeto externo é meu", ou seja, a conclusão de que minha posse é válida como posse *meramente por direito* (*possessio noumenon*), é baseada no seguinte: uma vez que todos esses atos têm a ver com um direito e, assim, procedem da razão prática na questão do que é formulado como direito, pode-se fazer abstração das condições empíricas de posse, de sorte que a conclusão "o objeto externo é meu" é corretamente tirada da posse sensível para a inteligível.

A aquisição original de um objeto externo de escolha é chamada de *apoderamento* ou *ocupação* (*occupatio*) deste e somente coisas corpóreas (substâncias) podem ser adquiridas originalmente. Quando ocorre, o que requer como condição de posse empírica é anterioridade no tempo em relação a qualquer outro que deseja se apoderar do objeto (*qui prior tempore potior iure*).[48] Como original, é somente o resultado de uma escolha unilateral, pois se exigisse uma escolha bilateral, a aquisição seria derivada do contrato de duas (ou mais) e, assim, do que é de um outro. Não é fácil compreender como um ato de escolha desse tipo poderia estabelecer o que pertence a alguém. Entretanto, se uma aquisição é *primeira* não é, portanto, *original*, pois a aquisição de uma condição jurídica pública através da união da vontade de todos para a produção de lei universal seria uma aquisição tal que nenhuma outra poderia precedê-la, e ainda assim seria derivada das vontades particulares de cada um e seria *onilateral*, ao passo que a aquisição original só pode provir de uma vontade unilateral.

Divisão da aquisição de alguma coisa externa que é minha ou tua

1. No que tange à matéria (o objeto), adquiro ou uma coisa corpórea (substância), ou a prestação (causalidade) de uma outra pessoa, ou a

---

48. *Quem no tempo é o primeiro tem o direito mais forte.* (n.t.)

própria outra pessoa, isto é, o estado desta pessoa na medida em que eu obtenha um direito de dispor em torno dela (ter relações com ela).

2. No que tange à forma (o tipo de aquisição), é ou um direito a uma coisa (*ius reale*) ou um direito a uma pessoa (*ius personale*), ou um direito a uma pessoa em afinidade com um direito a uma coisa (*ius realiter personale*), isto é, posse (embora não uso) de uma outra pessoa como uma coisa.

3. No que tange à base da aquisição no direito (*titulus*), alguma coisa externa é adquirida através do ato de uma escolha unilateral, bilateral ou onilateral (*facto, pacto, lege*). Embora esta não seja, estritamente, um membro especial da divisão dos direitos, é, de qualquer modo, um aspecto da maneira como a aquisição é realizada.

Seção I
Do Direito de Propriedade

§ 11 – O que é o direito a uma coisa?

A explicação usual de um *direito a uma coisa* (*ius reale, ius in re*) segundo a qual "é um direito *contra todo possuidor dela*" é uma definição nominal correta. Mas o que me torna capaz de recuperar um objeto externo de qualquer um que o está *ocupando* e de constrangê-lo (*per vindicationem*) a reinstaurar-me em sua posse? Poderia esta relação jurídica externa de minha escolha ser uma relação *direta* com uma coisa corpórea? Alguém que pensa que seu direito é uma relação direta com coisas e não com pessoas teria que pensar (ainda que apenas obscuramente) que visto que aí existe a correspondência de um direito, de um lado, com um dever, do outro, uma coisa externa sempre permanece *sob obrigação* relativamente ao primeiro possuidor, muito embora tenha deixado suas mãos; que, uma vez que já se encontra obrigada a ele, rejeita qualquer outro que pretenda ser o seu possuidor. Desta forma, ele pensaria no meu direito como se este fosse um espírito guardião que acompanhasse a coisa, sempre me apontando destacadamente quaisquer outras pessoas que quisessem dela tomar posse e a protegendo contra qualquer arremetida delas. É, portanto, absurdo pensar numa obrigação de uma pessoa em relação a coisas ou o contrário, mesmo que talvez seja permissível, se houver necessidade para tanto, tornar essa relação jurídica perceptível retratando-a e expressando-a desta maneira.

Assim, a definição real deveria ser nos seguintes termos: *um direito a uma coisa* é um direito ao uso privado de uma coisa da qual estou de posse (original ou instituída) em comum com todos os outros, pois esta posse em comum é a única condição sob a qual é possível a mim excluir todo outro possuidor do uso privado de uma coisa (*ius contra quemlibet huius rei possessorem*), visto que, a menos que tal posse em comum seja assumida, é inconcebível como eu, que não estou de posse da coisa, poderia ainda ser prejudicado por outros que estão de posse dela e a estão usando. Por minha escolha unilateral não posso obrigar um outro a abster-se do uso de uma coisa, uma obrigação que, de outro modo, ele não teria; conseqüentemente, só sou capaz de fazê-lo através da escolha conjunta de todos que a possuem em comum; de outra maneira, teria que conceber um direito a uma coisa como se a coisa tivesse uma obrigação comigo, da qual meu direito contra todo outro possuidor dela é então derivado, o que constitui uma concepção absurda.

Pela expressão *direito de propriedade* (*ius reale*) deveria ser entendido não apenas um direito a uma coisa (*ius in re*), mas também a *soma* de todas as leis que têm a ver com coisas que são minhas ou tuas. Mas está claro que alguém que estivesse totalmente sozinho sobre a Terra não poderia realmente nem ter nem adquirir qualquer coisa externa como sua, uma vez que não há relação alguma de obrigação entre ele, como uma pessoa, e qualquer outro objeto externo, como uma coisa. Conseqüentemente, falando estrita e literalmente, não há também direito (direto) a uma coisa. Aquilo que se designa como *um direito a uma coisa* é somente o direito que alguém tem contra uma pessoa que está de posse dela em comum com todos os outros (na condição civil).

§ 12 – A primeira aquisição de uma coisa pode ser somente a aquisição de terra

A *terra* (entendida como todo solo habitável) deve ser considerada como a *substância* com respeito a tudo que se move sobre ela, ao passo que a existência do que se move sobre ela deve ser considerada somente como *inerência*. Tal como num sentido teórico acidentes não podem existir à parte de uma substância, num sentido prático ninguém pode ter o que é móvel sobre um pedaço de terra como seu, a menos que se suponha estar ele já na posse jurídica da terra.

INTRODUÇÃO AO ESTUDO DO DIREITO • DOUTRINA DO DIREITO   77
A DOUTRINA UNIVERSAL DO DIREITO – DIREITO PRIVADO   EDIPRO

A este propósito, supõe que a terra não pertencesse a ninguém. Eu poderia, então, remover todas as coisas móveis existentes sobre ela de seus lugares e tomá-la para mim mesmo até que todas houvessem desaparecido, sem com isto violar a liberdade de qualquer outra pessoa que agora não a estivesse ocupando; mas tudo que possa ser destruído, uma árvore, uma casa e assim por diante, é móvel (ao menos sob o prisma de sua matéria), e se uma coisa que não pode ser movida sem que isto acarrete a destruição de sua forma é chamada de *imóvel*, então pelo que é meu ou teu com relação a isso entende-se não sua substância, mas o que a esta adere, o que não é a coisa ela mesma.

§ 13 – Qualquer pedaço de terra pode ser adquirido originalmente, e a possibilidade de tal aquisição está baseada na comunidade original da terra em geral

A primeira proposição apóia-se no postulado da razão prática (§ 2). A prova da segunda proposição se segue.

Todos os seres humanos estão originalmente (isto é, anteriormente a qualquer ato de escolha que estabeleça um direito) numa posse de terra que está em conformidade com o direito, ou seja, eles detêm um direito de estar onde quer que seja que a natureza ou o acaso (independentemente da vontade deles) os colocou. Este tipo de posse (*possessio*) – que deve ser distinguido de residência (*sedes*), uma posse escolhida e, portanto, uma posse adquirida *duradoura* – é uma posse em comum porque a superfície esférica da Terra une todos os lugares sobre si, pois se esta superfície fosse um plano ilimitado, as pessoas poderiam estar de tal forma dispersas sobre ela que não chegariam a formar nenhuma comunidade entre si e a comunidade não seria, então, um resultado necessário de sua existência sobre a Terra. A posse de todos os seres humanos sobre a Terra que precede quaisquer atos de sua parte que estabeleceriam direitos (posse constituída pela própria natureza) é uma posse original em comum (*communio possessionis originaria*), cujo conceito não é empírico e dependente de condições temporais, como o de uma suposta posse primitiva em comum (*communio primaeva*), que jamais pode ser provada. A posse original em comum é, em lugar disso, um conceito da razão prática que encerra *a priori* o princípio exclusivamente de acordo com o qual as pessoas podem usar um lugar sobre a Terra conforme princípios de direito.

§ 14 - Na aquisição original, o ato requerido para estabelecer um direito é o apoderamento (*occupatio*)[49]

A única condição na qual a tomada de posse (*apprehensio*), começando pela ocupação de uma coisa corpórea no espaço (*possessionis physicae*), se conforma com a lei da liberdade externa de todos (daí *a priori*) é aquela da *anterioridade* no tempo, ou seja, somente na medida em que é a *primeira* tomada de posse (*prior apprehensio*), que é um ato de escolha. Mas a vontade de que uma coisa (e, assim também, um lugar específico, separado sobre a Terra) deva ser minha, isto é, a sua apropriação (*appropriatio*) na aquisição original só pode ser unilateral (*voluntas unilateralis s. propria*). A aquisição de um objeto externo de escolha por uma vontade unilateral é o apoderamento ou ocupação dele. Assim, a aquisição original de um objeto externo e, por via de conseqüência, também de um pedaço de terra específico e separado, só pode ocorrer através de seu apoderamento (*occupatio*).

Não há como entrever a possibilidade de adquirir dessa maneira, nem é ela demonstrável mediante razões; esta possibilidade é, ao contrário, uma conseqüência imediata do postulado da razão prática. Mas a vontade indicada acima é capaz de justificar uma aquisição externa somente na medida em que estiver incluída numa vontade que seja unida *a priori* (isto é, somente através da união da escolha de todos capazes de empreender relações práticas mútuas) e que comande em termos absolutos, pois uma vontade unilateral (e uma vontade bilateral, mas ainda *particular*, é também unilateral) não pode submeter todos a uma obrigação que é em si mesma contingente; isso requer uma vontade que seja *onilateral*, que seja unida não contingentemente, mas *a priori* e, por conseguinte, necessariamente, sendo, por isso, a única vontade legisladora, isto porque somente de acordo com esse princípio da vontade é possível ao livre arbítrio de cada um harmonizar-se com a liberdade de todos e, portanto, possível haver qualquer direito e assim, também, possível a qualquer objeto externo ser meu ou teu.

---

49. Kant não emprega aqui o termo *Inhabung* mas *Bemächtigung*, que traduzimos literalmente por *apoderamento*, mas que corresponde ao conceito latino de *occupatio* (também traduzível por *ocupação*). (n.t.)

§ 15 – Alguma coisa pode ser adquirida definitivamente[50] apenas sob uma Constituição civil; em um estado de natureza também pode ser adquirida, mas somente provisoriamente

O estado de Constituição civil, a despeito de ser sua realização subjetivamente contingente, é, não obstante, objetivamente necessário, quer dizer, *necessário* como um dever. No que toca a esta Constituição e sua instauração há, por conseguinte, uma efetiva lei natural de direito a que está sujeita qualquer aquisição externa.

O *título empírico* de aquisição foi a tomada de posse física (*apprehensio physica*), com base na comunidade original da terra. Uma vez que somente uma posse em aparência é suscetível de ser submetida à posse conforme os conceitos racionais do direito, um título para assumir a posse intelectual (pondo de lado todas as condições empíricas de tempo e espaço) tem que corresponder a esse título empírico de aquisição. Esse título intelectual constitui a base da proposição: "O que submeto ao meu controle de acordo com leis da liberdade externa e é minha vontade que se torne meu, torna-se meu."

Mas o *título racional* de aquisição só pode se apoiar na idéia de uma vontade de todos unidos *a priori* (necessariamente a serem unidos), que é aqui assumido tacitamente como uma condição necessária (*conditio sine qua non*), pois uma vontade unilateral não pode submeter outros a uma obrigação que de outra maneira não teriam. Porém, a condição na qual a vontade de todos é com efeito unida para produzir lei é a condição civil e, conseqüentemente, alguma coisa externa pode ser originalmente adquirida somente em conformidade com a idéia de uma condição civil, ou seja, com vistas a ela e a sua realização, mas antes desta (pois, de outro modo, a aquisição seria uma resultante). A conseqüência é poder a aquisição original ser apenas *provisória*. A aquisição *definitiva* ocorre somente na condição civil.

A despeito disso, essa aquisição provisória é verdadeira, visto que, segundo o postulado da razão prática no que tange aos direitos, a possibilidade de adquirir alguma coisa externa em quaisquer condições em que os indivíduos possam viver juntos (*e*, assim, também num estado de natureza) é um princípio de direito privado, em conformidade com o qual cada um é justificado por usar a coerção que seja necessária na hipótese das pessoas abandonarem o estado de natureza e ingressarem no civil, o qual possui a capacidade exclusiva de tornar definitiva qualquer aquisição.

---

50. ...*peremtorisch...*: peremptoriamente. (n.t.)

Assoma a questão: até que ponto vai a competência de tomar posse de um pedaço de terra? Até o ponto em que houver a capacidade de controlá-lo, isto é, até o ponto em que aquele que dele quiser se apropriar puder defendê-lo – como se a terra dissesse: *se não podes proteger-me, não podes comandar-me*. Este é também o modo de ter de decidir a disputa em torno de saber se o mar é *livre* ou *fechado*; por exemplo, até onde pode alcançar um tiro de canhão a pesca não é permitida a ninguém, a extração de âmbar do leito do oceano e assim por diante, ao longo da costa de um território que já pertence a um certo Estado. Ademais, presente o objetivo de adquirir terra, é necessário desenvolvê-la (nela construir, cultivá-la, dren á-la, etc.)? Não, pois uma vez que estas formas (das especificações) são apenas acidentes, não constituem objeto de posse direta e podem ser incorporados às posses do sujeito apenas na medida em que a substância já seja reconhecida como sua. Quando o que está em questão é a primeira aquisição, desenvolver a terra não passa de um signo externo de tomada de posse, o qual pode ser substituído por muitos outros signos que custam menos esforço. Além do mais, é permitido que um partido interfira com outro no ato de tomada de posse, de sorte que nenhum dos dois goze do direito de anterioridade e a terra permaneça sempre livre, sem pertencer a ninguém? De modo algum, uma vez que um partido pode impedir outro de tomar posse apenas se estiver em terra adjacente, na qual ele próprio pode ser impedido de estar e o impedimento *absoluto* seria uma contradição. Mas com respeito a um certo pedaço de terra (situado entre as duas terras), que se deixa sem uso na qualidade de território neutro para separação dos dois partidos, este ainda seria compatível com o direito de apoderamento. Neste caso, entretanto, essa terra realmente pertence a ambos em comum e não é alguma coisa *que não pertence a ninguém (res nullius)*, simplesmente porque é usada por ambos para mantê-los separados. E, também, pode alguém ter uma coisa como sua numa terra da qual parte alguma pertence a alguém? Sim, como na Mongólia, onde, uma vez que toda a terra pertence ao povo, o uso dela diz respeito a cada indivíduo, de modo que qualquer um pode deixar sua bagagem nela ou recuperar a posse de seu cavalo se este fugir para ela, posto esta lhe pertencer. Ao contrário, é somente por meio de um contrato que qualquer pessoa pode ter uma coisa móvel como sua numa terra que pertence a outra pessoa. Finalmente, podem dois povos vizinhos (ou famílias) se opor entre si ao adotar um certo uso da terra, por exemplo, pode um povo de caçadores se opor a um povo de pastores ou a um povo de lavradores, ou este último se opor a um povo que deseja plantar pomares, e assim por dian-

INTRODUÇÃO AO ESTUDO DO DIREITO • DOUTRINA DO DIREITO 81
A DOUTRINA UNIVERSAL DO DIREITO – DIREITO PRIVADO   EDIPRO

te? Certamente, visto que enquanto se conservam dentro de suas fronteiras, a maneira de vida segundo a qual querem viver em sua terra fica ao seu próprio critério (*res merae facultatis*).

Em último lugar, pode-se ainda indagar se quando nem a natureza nem o acaso, mas simplesmente nossa própria vontade nos conduz às vizinhanças de um povo com o qual não contemplamos nenhuma perspectiva de uma união civil, não deveríamos estar autorizados a fundar colônias, por meio da força, se necessário, a fim de estabelecer uma união civil com ele e trazer esses seres humanos (selvagens) a um estado de direito (como com os selvagens americanos, os hotentotes e os habitantes da Nova Holanda); ou (o que não é muito melhor), fundar colônias através da compra fraudulenta das terras deles, e assim nos tornarmos proprietários de suas terras, fazendo uso de nossa superioridade sem considerar a primeira posse deles. Não deveríamos nós estar autorizados a fazer isso, especialmente porque a própria natureza (a qual abomina o vazio) parece exigi-lo, e grandes extensões de terra em outras partes do mundo – hoje esplendidamente povoadas – teriam, de outra maneira, permanecido desabitadas por indivíduos civilizados ou, de fato, teriam que persistir desabitadas para sempre, de sorte que a finalidade da criação teria sido frustrada? Contudo, é fácil ver através desse véu de injustiça (*jesuitismo*), o qual sancionaria quaisquer meios conduzentes a bons fins. Um tal meio de adquirir terra deve, portanto, ser repudiado.

A indeterminabilidade, no que toca à quantidade, bem como à qualidade, do objeto externo adquirível torna este problema (da aquisição externa exclusiva, original) aquele cuja solução é a mais difícil de todas. De qualquer forma, é imperioso haver alguma aquisição original ou outra do que é externo, já que nem toda aquisição pode ser derivada. A conclusão é que este problema não pode ser abandonado como insolúvel e intrinsecamente impossível. Mas mesmo que seja solucionado através do contrato original, tal aquisição permanecerá sempre apenas provisória, a menos que esse contrato se estenda à totalidade da espécie humana.

§ 16 – Exposição do conceito de aquisição original da terra

Todos os seres humanos estão originalmente em posse comum[51] da terra da Terra inteira (*communio fundi originaria*) e (cada um) dispõe, por natureza, de vontade para usá-la (*lex iusti*), a qual – porque a esco-

---

51.   ...*Gesamt-Besitz*... (n.t.)

lha de um se opõe inevitavelmente por natureza à escolha do outro-, faria desaparecer qualquer uso dela se essa vontade não encerrasse também o princípio para a escolha pelo qual uma *posse particular* para cada um na terra comum pudesse ser determinada (*lex iuridica*). Mas a lei a que cabe determinar para cada um qual terra é minha ou tua estará de acordo com o axioma da liberdade externa somente se proceder de uma vontade que seja unida *originalmente e a priori* (que não pressuponha nenhum ato jurídico para sua união). Daí procede apenas de uma vontade na condição civil (*lex iustitiae distributivae*), a qual com exclusividade determina o que é *direito*, o que é *jurídico* e o que é *formulado* como *direito*. Mas na primeira condição, ou seja, antes do estabelecimento da condição civil, porém com uma perspectiva desta, isto é, *provisoriamente*, é um dever proceder de acordo com o princípio da aquisição externa. Em conformidade com isso, há também uma faculdade jurídica[52] da vontade, no sentido de obrigar a todos a reconhecer o ato de tomar posse e de apropriação como válido, embora este seja apenas unilateral. Com isso se possibilita a aquisição provisória da terra, juntamente com todas as suas conseqüências jurídicas.

A aquisição provisória, contudo, necessita e ganha o favor de uma lei (*lex permissiva*) para determinar os limites da posse jurídica possível. Visto que esta aquisição precede uma condição jurídica e, uma vez apenas conduzente a ela, não é ainda definitiva, tal favor não ultrapassa o ponto no qual *outros* (participantes) consentem no seu estabelecimento. Mas caso se oponham a acolhê-la (a condição civil) e enquanto durar sua oposição, esse favor carregará consigo todos os efeitos da aquisição em conformidade com o direito, uma vez que a saída do estado de natureza é baseada no dever.

§ 17 – Dedução do conceito de aquisição original

Descobrimos o *título* de aquisição numa comunidade original da terra e, portanto, de posse externa sujeita a condições especiais. Descobrimos a *maneira* de aquisição nas condições empíricas de tomar posse (*apprehensio*), associada à vontade de ter o objeto externo como seu. Agora ainda precisamos fazer evoluir a partir de princípios de pura razão prática relativamente aos direitos a *aquisição* ela mesma, isto é, o meu ou teu externo, o qual resulta dos dois elementos dados; ou seja, temos

---

52.   ...*rechtliches Vermögen*... (n.t.)

que desenvolver a posse inteligível (*possessio noumenon*) de um objeto a partir do que está contido no seu conceito.

O *conceito pertencente ao direito* do que é *externamente* meu ou teu, na medida em que é uma substância, não pode significar, até o ponto em que está envolvida a expressão *externo para mim*, num outro lugar diferente daquele onde estou, pois se trata de um conceito racional; ao contrário, uma vez que somente um conceito puro do entendimento é passível de estar subordinado[53] a um conceito racional, a expressão pode significar meramente alguma coisa *distinta* de mim. E este conceito racional não pode significar o conceito de posse empírica (uma tomada de posse contínua, por assim dizer), mas apenas aquele de *ter um objeto externo sob meu controle* (a conexão do objeto comigo, porquanto é esta a condição subjetiva de ser possível a mim usá-lo), que é um conceito puro do entendimento. Ora, se estas condições sensíveis da posse, como uma relação de uma pessoa com objetos que não possuem obrigação, são omitidas ou desconsideradas (abstraídas), a posse será apenas uma relação de uma pessoa com pessoas, todas elas *obrigadas*, no que respeita ao uso da coisa, pela *vontade* da primeira pessoa, na medida em que sua vontade se conforma ao axioma da liberdade externa, com o postulado de sua capacidade de empregar objetos externos de escolha, e com a *legislação* da vontade de todos pensada como unida *a priori*. Isto, então, é posse inteligível de uma coisa, ou seja, posse por mero direito, ainda que o objeto (a coisa que possuo) seja um objeto sensível.

O primeiro cultivo, demarcação ou, em geral, *moldagem* de um pedaço de terra é incapaz de produzir um título de sua aquisição, isto é, a posse do *acidente* não é capaz de fornecer base alguma para a posse jurídica da *substância*. Aquilo que é meu ou teu deve, ao contrário, resultar da propriedade da substância de acordo com essa regra (*accessorium sequitur suum principale*) e todo aquele que despender seu labor na terra que já não era sua perdeu seu trabalho penoso e mourejamento para quem foi o primeiro. Isto é de per si tão evidente que é difícil atribuir qualquer outra causa a essa opinião, que é tão antiga e ainda tão difundida, do que a tácita ilusão dominante de personificar as coisas e de pensar em um direito às coisas como sendo um direito *diretamente* sobre elas, como se alguém pudesse, por meio do trabalho que despende com elas, submeter as coisas a uma obrigação de servi-lo e a ninguém mais, pois, de outra maneira, as pessoas provavelmente não teriam passado

---

53. *Subsumido.* (n.t.)

tão levemente sobre a questão que surge naturalmente (já observada anteriormente): "Como é possível um direito a uma coisa?". Pois um direito contra todo possuidor de uma coisa significa apenas uma competência da parte da escolha particular de alguém para usar um objeto, na medida em que essa competência é suscetível de ser pensada como encerrada numa vontade geral sintética e como em harmonia com a lei dessa vontade.

No caso de coisas corpóreas na terra que já é minha, se não pertencem de outra maneira a outrem, pertencem a mim sem que eu necessite de um ato particular que estabeleça um direito cujo objetivo seja torná-las minhas (não *facto* mas *lege*), pois podem ser consideradas como acidentes inerentes à substância (*iure rei meae*). Qualquer outra coisa que esteja assim ligada a uma coisa minha que uma outra pessoa não possa separar do que é meu sem produzir alteração, também pertence a mim (por exemplo, a douradura, a mescla de algum material pertencente a mim com outros materiais, aluvião ou também uma mudança num leito de rio adjacente a minha terra e o resultante aumento desta, e assim por diante). Se a terra que se estende além de território seco pode ser adquirida, isto é, se um trecho do leito do oceano é suscetível de ser adquirido (o direito de pescar além da minha praia, extrair âmbar, etc.), deve ser decidido de acordo com os mesmos princípios. Minha posse se estende até o ponto em que disponha eu de capacidade mecânica a partir de onde resido para dar segurança à minha terra contra a invasão de outros (por exemplo, até o ponto alcançado por um projétil de canhão a partir da praia), estando o mar até tal limite fechado (*mare clausum*). Mas uma vez que é impossível residir no próprio alto mar, a posse também não pode se estender a este e o mar aberto é livre (*mare liberum*). Mas o proprietário de uma praia não pode incluir em seu direito de aquisição aquilo que é não intencionalmente *banhado na praia*, sejam seres humanos ou coisas a estes pertencentes, visto que isso não o está lesando (não é, de modo algum, um feito), e embora alguma coisa tenha sido arrojada à terra que pertence a alguém, não pode ser tratada como uma *res nullius*. Por outro lado, um rio pode ser originalmente adquirido por alguém que esteja de posse de ambas as margens até o ponto em que se estende sua posse das margens; ele pode adquirir o rio, tal como pode adquirir qualquer território seco sujeito às condições mencionadas anteriormente.

Um objeto externo que em termos de sua substância pertence a alguém é sua propriedade (*dominium*), a que todos os direitos nessa coisa são inerentes (como acidentes de uma substância) e da qual o proprietário (*dominus*) pode, por via de conseqüência, dispor como lhe agrade (*ius disponendi de re sua*). Mas disso resulta que um objeto desse tipo só pode ser uma coisa corpórea (relativamente à qual ninguém tem uma obrigação). Por conseguinte, alguém pode ser seu próprio senhor (*sui iuris*), porém não está capacitado a ser o *proprietário de si mesmo* (*sui dominus*) (não pode dispor de si mesmo como lhe agrade), e menos ainda pode dispor dos outros como lhe agrade, posto que é responsável pela humanidade em sua própria pessoa. Este não é, entretanto, o lugar apropriado à discussão deste ponto, *que diz respeito ao direito de humanidade e não àquele dos seres humanos*.[54] É mencionado apenas em caráter incidental colimando a uma melhor compreensão do que foi discutido um pouco antes. Ademais, pode haver dois completos proprietários de uma e a mesma coisa sem que esta seja tanto minha quanto tua em comum; e estes só podem ser *possuidores* em comum *do que pertence a apenas um deles como seu*. Isto ocorre quando um dos assim chamados co-proprietários (*condomini*) dispõe somente de posse plena sem uso, ao passo que o outro dispõe de todo o uso da coisa acompanhado da posse dela. Assim, aquele que tem posse plena sem uso (*dominus directus*) apenas restringe o outro (*dominus utilis*) a alguma prestação contínua, sem com isso limitar o seu uso da coisa.

Seção II
Do Direito Contratual[55]

§ 18

Minha posse da escolha alheia, no sentido de minha faculdade de determiná-la por minha própria escolha a um certo feito em conformidade com leis da liberdade (o que é externamente meu ou teu relativamente à causalidade de outrem), é um direito (do qual posso ter diversos contra a mesma pessoa ou contra outros); porém, há apenas uma única síntese (sistema) de leis, o direito contratual, de acordo com o qual posso participar desse tipo de posse.

Um direito pessoal jamais pode ser adquirido originalmente e com base na própria iniciativa (pois neste caso não se conformaria ao princí-

---

54. ...*der zum Recht der Menschheit, nicht dem der Menschen gehört*... (n.t.)
55. *Vom persönlichen Recht*, literalmente *Do direito pessoal*. (n.t.)

pio da coerência da minha escolha com a liberdade de todos e seria, conseqüentemente, errado). Assim, também, não posso adquirir um direito contra outrem através de um feito deste que seja contrário ao direito (*facto iniusto alterius*), pois mesmo que ele tenha me prejudicado e eu disponha de um direito de exigir dele compensação, por meio disto ainda estarei apenas preservando a íntegra do que é meu, mas não adquirindo mais do que anteriormente tinha.

A aquisição através do feito de outro indivíduo ao qual eu o determino de acordo com leis do direito é, conseqüentemente, sempre derivada do que é dele; e esta derivação como um fato que estabelece um direito não pode ocorrer através de um ato negativo do outro, nomeadamente seu abandono ou renúncia ao que é seu (*per derelictionem aut renunciationem*), pois por meio de um tal ato isso se limitaria a deixar de pertencer a um ou outro, mas nada seria adquirido. Essa derivação só pode ocorrer pela transferência (*translatio*), o que é possível somente através de uma vontade comum, por meio da qual o objeto está sempre sob o controle de um ou outro, visto que quando alguém renuncia à sua parcela nessa comunhão, o objeto se torna do outro através de sua aceitação dele (e assim mediante um ato positivo de escolha). A transferência da propriedade de um para outro é *alienação*. O ato da escolha unida de duas pessoas, pelo qual qualquer coisa que pertença a uma passa para a outra, é um *contrato*.

§ 19

Para todo contrato há dois atos jurídicos preparatórios e dois atos jurídicos constitutivos de escolha. Os dois primeiros (de negociação) são a *oferta* (*oblatio*) e o *assentimento* (*approbatio*) a ele; os dois outros (de conclusão) são a *promessa* (*promissum*) e a aceitação (*acceptatio*). Uma oferta não pode ser classificada como uma promessa independentemente de um julgamento preliminar de que o que foi ofertado (*oblatum*) seria aceitável ao beneficiário da promessa. Isto é indicado pelas duas primeiras declarações; porém, tão-só por elas nada é até então adquirido.

Porém, o que pertence ao promitente não passa ao beneficiário da promessa (como aceitante) pela vontade isolada de um ou outro, mas somente pela vontade unida de ambos e, conseqüentemente, apenas na medida em que ambas as vontades são *simultaneamente* declaradas. Entretanto, isso não pode ocorrer mediante atos empíricos de declaração, que devem necessariamente *se suceder* entre si no tempo e jamais são simultâneos, pois se eu prometi e o outro agora deseja aceitar, posso ainda durante o intervalo (por mais curto que este seja) me arrepender de ter prometido, visto que estou ainda livre antes de ele aceitar; e devido a isto aquele que aceita, de sua parte, pode considerar-se como não obrigado à sua contra-declaração após a promessa. As formalidades externas (*solemnia*) na conclusão de um contrato (o aperto de mãos ou a quebra da palha (*stipula*) por ambas as pessoas) e todas as confirmações de um lado para outro das declarações feitas, manifestam a perplexidade dos contratantes quanto a como e de que maneira vão representar suas declarações como existindo simultaneamente, no mesmo momento, embora possam somente ser sucessivas. De qualquer maneira, eles não têm êxito nisso, uma vez que seus atos podem somente se suceder entre si no tempo, de sorte que quanto um ato *é*, o outro ou *não é ainda* ou *não é mais*.

Somente uma dedução transcendental do conceito de aquisição via contrato é capaz de remover todas essas dificuldades. É verdade que, numa relação externa de direitos, a minha tomada de posse da escolha de um outro (e, por sua vez, sua tomada de posse da minha), a título de base para determiná-la para um fato, são pensadas de início empiricamente, por meio de uma declaração e contra-declaração da escolha de cada um no tempo; esta é a condição sensível da tomada de posse, na qual ambos os atos requeridos para estabelecer o direito podem apenas suceder um ao outro. Considerando-se, não obstante, que essa relação (como uma relação jurídica) é puramente intelectual, tal posse é representada através da vontade – que constitui uma faculdade racional[56] para a legislação – como posse inteligível (*possessio noumenon*), abstraindo-se aquelas condições empíricas, como o que é meu ou teu. Aqui ambos os atos, promessa e aceitação, são representados não como um sucedendo ao outro, mas (como se fosse *pactum re initum*) como procedendo de uma única vontade comum (o que é expresso pela palavra *simultaneamente*); e o objeto (*promissum*) é representado, omitindo-se condições empíricas, como adquirido de acordo com um princípio de pura razão prática.

Que esta é a genuína e a única dedução possível do *conceito de aquisição via contrato* é suficientemente ratificado pelos diligentes, porém sempre fúteis, esforços daqueles que investigam direitos (por exemplo,

---

56. ...*Vernunftvermögen*... (n.t.)

Moses Mendelssohn em sua *Jerusalém*[57] com o fito de produzir uma prova de sua possibilidade. A questão era: por que *devo*[58] manter minha promessa?... pois *que devo* mantê-la todos facilmente compreendem. Mas é absolutamente impossível fornecer uma prova deste imperativo categórico, tal como é impossível a um geômetra provar, por meio de inferências baseadas exclusivamente em silogismos, que para constituir um triângulo ele tem que tomar três linhas (uma proposição analítica), duas das quais juntas têm que ser maiores do que a terceira (uma proposição sintética, mas sendo ambas as proposições *a priori*). Que eu devo manter minha promessa é um postulado da razão pura (pura como abstraindo de todas as condições sensíveis de espaço e tempo no que concerne ao conceito de direito). A teoria segundo a qual é possível abstrair dessas condições sem renunciar à posse da promessa é ela mesma a dedução do conceito de aquisição via contrato, tal como foi o caso na seção precedente com a teoria da aquisição de coisas externas via apoderamento delas.

§ 20

Mediante um contrato eu adquiro alguma coisa externa. Mas o que é isto que adquiro? Posto que se trata apenas da causalidade da escolha de um outro com respeito a um cumprimento[59] que ele me prometeu, o que adquiro diretamente mediante um contrato não é uma coisa externa, mas sim o ato dele, por meio do qual aquela coisa é submetida ao meu poder, de modo que a torno minha. Mediante um contrato, adquiro, portanto, a promessa de um outro indivíduo (*não o que ele prometeu*) e, ainda assim, alguma coisa é somada aos meus haveres externos. Fiquei mais rico (*locupletior*) ao adquirir uma obrigação ativa sobre a liberdade e os recursos de outrem. Este meu direito é, todavia, tão-só um *direito em relação à pessoa*, a saber, um direito em relação a uma pessoa física específica, e, efetivamente, um direito de atuar sobre a causalidade dela (sua escolha) para prestar[60] alguma coisa para mim; não se trata de um

---

57. Kant alude provavelmente à afirmação de Mendelssohn de que "um contrato nada mais é do que o ceder por parte de um partido de seu direito e a aceitação deste por parte do outro partido. (n.t.)

58. ...*soll ich*...: o sentido moral enfático de *dever* e não o sentido fraco associado ao *aconselhamento* ou à *recomendação*. (n.t.)

59. ...*Leistung*..., prestação. (n.t.)

60. ...*leisten*... (n.t.)

direito *a uma coisa*, um direito em relação àquela pessoa moral que nada mais é do que a idéia da escolha de todos unida *a priori*, pela qual somente eu posso adquirir um direito contra todo possuidor da coisa, que é o que constitui qualquer direito a uma coisa.

A transferência mediante contrato do que é meu ocorre de acordo com a lei da continuidade (*lex continui*), isto é, a posse do objeto não é interrompida por um momento durante esse ato, pois de outra maneira eu adquiriria, nesta condição, um objeto como alguma coisa carente de possuidor (*res vacua*), e daí o adquiriria originalmente, o que contradiz o conceito de contrato. Devido a essa continuidade, entretanto, aquilo que transfere o que é meu ao outro não é uma das duas vontades separadas (*promittentis et acceptantis*), mas sua vontade unida. Assim, a transferência não ocorre de tal maneira que o promitente primeiramente cede (*derelinquit*) sua posse a favor da vantagem do outro, ou renuncia (*renunciat*) ao seu direito e o outro imediatamente o assume, ou o contrário. A transferência é, portanto, um ato no qual um objeto pertence, *por um momento*, a ambos conjuntamente, tal como quando uma pedra que foi atirada atinge o ápice de sua trajetória parabólica, pode ser considerada, por apenas um momento, simultaneamente em ascensão e em queda, e assim primeiro passando de seu movimento ascendente para sua queda.

§ 21

Num contrato mediante o qual uma coisa é adquirida, esta não é adquirida por aceitação (*acceptatio*) da promessa, mas somente pela entrega (*traditio*) daquilo que foi prometido, pois qualquer promessa tem a ver com um *cumprimento*, e se o que é prometido é uma coisa, o cumprimento só pode ocorrer por meio de um ato no qual o promitente coloca o beneficiário da promessa de posse da coisa, ou seja, a entrega a ele. Assim, antes de ser a coisa entregue e recebida, o cumprimento ainda não ocorreu: a coisa não passou ainda de um para outro e, assim, não foi adquirida pelo beneficiário da promessa. Por conseguinte, o direito que nasce de um contrato é somente um direito relativo à pessoa e se torna um direito *a uma coisa* somente pela entrega da coisa.

Um contrato que é imediatamente seguido pela entrega (*pactum re initum*) exclui qualquer intervalo entre sua conclusão e a execução, não requerendo nenhum ato complementar em separado, pelo qual o que pertence a um é transferido ao outro. Mas se um tempo (definido ou indefinido) para a entrega da coisa é permitido entre a conclusão e a execução do contrato, surge a questão de se a coisa já pertence ao aceitante, por força do contrato, antes de ser entregue, e seu direito é um direito a uma coisa, ou se um contrato independente tratando apenas da entrega deva ser agregado, de modo que o direito adquirido por mera aceitação seja somente um direito relativo à pessoa, convertendo-se em direito a uma coisa apenas através da entrega desta. Na seqüência se mostrará com clareza ser realmente este último caso o verdadeiro.

Se concluo um contrato a respeito de uma coisa que desejo adquirir, por exemplo, um *cavalo*, e ao mesmo tempo o coloco em meu estábulo ou, de uma outra maneira, em minha posse física, ele é então meu (*vi pacti re initi*) e meu direito é *um direito à coisa*. Mas se o deixo em poder do vendedor, sem estabelecer quaisquer outras disposições com ele no que toca a quem deve ficar de posse física da coisa (*ocupando-a*) antes que eu tome posse dela (*apprehensio*), e assim antes da mudança de posse, então esse cavalo não é meu ainda e o que eu adquiri é somente um direito com relação a uma pessoa específica, a saber, o vendedor, de pôr-me de posse (*poscendi traditionem*), o que é a condição subjetiva de ser-me possível usá-la como me agrade. Meu direito é apenas um direito relativamente a uma pessoa de requerer do vendedor o cumprimento (*praestatio*) de sua promessa de pôr-me de posse da coisa. Ora, se um contrato não inclui a entrega *ao mesmo tempo* (como *pactum re initum*), de modo que algum tempo decorre entre sua conclusão e a minha tomada de posse do que estou adquirindo, durante esse tempo não posso obter a posse sem exercer um outro ato em separado para estabelecer aquele direito, a saber, um ato possessório (*actum possessorium*), que constitui um contrato separado. Este contrato consiste na minha declaração de que mandarei buscar a coisa (o cavalo) e a anuência do vendedor a isto, pois não é praxe o vendedor se responsabilizar, mediante seu próprio risco, por alguma coisa a favor do uso de outrem; isso, ao contrário, requer um contrato à parte, pelo qual quem está alienando uma coisa ainda permanece seu proprietário *durante um período específico* (e deve arcar com qualquer risco que possa afetá-la). Somente se aquele que está adquirindo a coisa se retardar além desse período poderá o vendedor considerá-lo como seu proprietário e a coisa como entregue a ele. Antes deste ato possessório, tudo que tenha sido adquirido através do contrato é, portanto, um direito em relação a uma pessoa e o beneficiário da promessa pode adquirir uma coisa externa somente sendo esta entregue.

Seção III
Do Direito Pessoal que tem afinidade com o Direito a Coisas

§ 22

Este direito é aquele da posse de um objeto externo *como uma coisa* e do seu uso *como uma pessoa*. O que é meu ou teu em termos deste direito é o que é meu ou teu *domesticamente*, e a relação das pessoas na relação doméstica é a de uma comunidade de seres livres que formam uma sociedade de membros de um todo chamado de *lar* (composto por pessoas que permanecem em comunidade entre si) sob influência mútua de acordo com o princípio da liberdade externa (*causalidade*). A aquisição deste estado e nele mesmo, portanto, não ocorre nem mediante um ato (*facto*) pela própria iniciativa de alguém, nem por um contrato (*pacto*) isoladamente, mas por uma lei (*lege*), pois visto que esse tipo de direito não é nem um direito a uma coisa nem meramente um direito relativamente a uma pessoa, como também posse de uma pessoa, é forçoso que seja um direito que transcende quaisquer direitos a coisas e quaisquer direitos contra pessoas, quer dizer, tem que ser o direito da humanidade em nossa própria pessoa, do que resulta uma lei permissiva natural, graças a qual essa espécie de aquisição nos é possível.

§ 23

Do ponto de vista do objeto, a aquisição de acordo com esse princípio apresenta três tipos: um *homem* adquire uma *mulher*; um *casal* adquire *filhos* e uma *família* adquire *criados*. Tudo o que é adquirido desta maneira é também inalienável e o direito dos possuidores desses objetos é o mais pessoal de todos os direitos.

Do Direito de Sociedade Doméstica
Título I – Direito matrimonial

§ 24

A *união sexual* (*commercium sexuale*) é o uso recíproco que um ser humano faz dos órgãos e faculdades de um outro (*usus membrorum et facultatum sexualium alterius*). Este é ou um uso *natural* (através do qual a procriação de um ser da mesma espécie é possível) ou um uso *anti-*

natural e o uso anti-natural ocorre ou com uma pessoa do mesmo sexo ou com um animal de uma espécie não humana. Uma vez que tal transgressão das leis, chamada anti-natural (*crimina carnis contra naturam*) ou também de vícios inomináveis, lesa a humanidade em nossa própria pessoa, não há quaisquer limitações ou exceções que possam poupá-la de total repúdio.

A união sexual natural ocorre ou de acordo com a mera natureza animal (*vaga libido, venus volgivaga, fornicatio*) ou de acordo com a lei. A união sexual de acordo com a lei é o *casamento* (*matrimonium*), isto é, a união de duas pessoas de sexos diferentes para a posse por toda a vida dos atributos sexuais recíprocos. É possível que a finalidade da geração e educação dos filhos seja uma finalidade da natureza, para o que esta implantou as inclinações de um sexo pelo outro. Entretanto, não é requisito aos seres humanos que casam fazer disso sua finalidade de modo a compatibilizar sua união com direitos, pois, de outra maneira, o casamento seria dissolvido com o cessar da procriação.

Mesmo que se suponha que a finalidade dos que se casam seja o prazer de usar mutuamente seus atributos sexuais, o contrato de casamento não lhes é opcional, sendo sim um contrato necessário por força da lei da humanidade, ou seja, se um homem e uma mulher desejam gozar os mútuos atributos sexuais, devem necessariamente casar e isto é necessário de acordo com as leis de direito da razão pura.

§ 25

O uso natural que um sexo faz dos órgãos sexuais do outro é gozo, para o qual um se coloca à disposição do outro. Neste ato, um ser humano torna a si mesmo uma coisa, o que conflitua com o direito da humanidade em sua própria pessoa. Só há uma condição na qual isso é possível: a de que quando uma pessoa é adquirida pela outra *como se fosse uma coisa*, aquela que é adquirida, *por sua vez*, adquire a outra, pois desta forma cada uma se recupera e restaura sua personalidade. Mas a aquisição de um membro de um ser humano é, concomitantemente, a aquisição da pessoa inteira, visto uma pessoa ser uma unidade absoluta. Daí não ser apenas admissível para os sexos cederem e se aceitarem mutuamente para o gozo sob a condição conjugal, mas também ser possível a eles assim agirem *somente* sob essa condição. Que este direito pessoal tem, igualmente, afinidade com um direito a uma coisa é

INTRODUÇÃO AO ESTUDO DO DIREITO • DOUTRINA DO DIREITO 93
A DOUTRINA UNIVERSAL DO DIREITO – DIREITO PRIVADO EDIPRO

algo que se apóia no fato de que se um dos cônjuges se afastou ou se entregou à posse de uma terceira pessoa, o outro cônjuge terá a justificativa, sempre e de maneira inquestionável, de trazer seu parceiro de volta ao seu poder, tal como se justifica na recuperação de uma coisa.

§ 26

Pelas mesmas razões, a relação dos cônjuges num casamento é uma relação *de igualdade de posse*, igualdade tanto na sua posse recíproca como pessoas (daí somente na monogamia, visto que na poligamia a pessoa que cede a si mesma obtém apenas uma parte da pessoa que a obtém completamente e, assim, se converte numa mera coisa) quanto também igualdade na sua posse de bens materiais. Quanto a estes, os cônjuges estão ainda autorizados a abrir mão do uso de uma parte, embora apenas mediante um contrato separado.

Por esse motivo, se conclui que nem o concubinato nem a contratação de uma pessoa, visando ao gozo ocasional (*pactum fornicationis*), são contratos que pudessem encerrar direito. No que toca a este último, todos admitirão que uma pessoa que tenha concluído um tal contrato não poderia ser juridicamente obrigada ao cumprimento de sua promessa, caso se arrependesse. Assim, no que tange ao primeiro caso, um contrato de concubinato (como *pactum turpe*) também dá em nada, pois este seria um contrato de locação (*locatio-conductio*) de um membro para uso de outrem, no qual, devido à unidade indissolúvel dos membros numa pessoa, ela estaria cedendo a si mesma como uma coisa à escolha do outro. Em consonância com isso, uma parte ou outra pode cancelar o contrato com a outra tão logo isto lhe agrade, sem que o outra parte disponha de fundamentos para reclamar acerca de qualquer violação aos seus direitos. As mesmas considerações valem também para um casamento morganático,[61] o qual extrai vantagem da desigualdade de posição social das duas partes para conferir a uma delas dominação sobre a outra, porque, de fato, o casamento morganático não é diferente, se nos restringirmos aos direitos naturais, do concubinato e não é casamento autêntico. Se é formulada, portanto, a questão, a saber, se também está em conflito com a igualdade dos cônjuges a lei referente à rela-

---

61. *...Ehe an der linken Hand...*: casamento de um homem da nobreza com uma mulher de condição inferior cujo contrato estipula que tanto a esposa quanto os filhos do casal não assumirão a condição de nobreza (ou seja, não gozarão dos direitos, privilégios e honras reservados aos nobres) e não serão herdeiros dos bens e posses do marido e pai. (n.t.)

ção do marido com a esposa que estabelece que aquele deve ser o senhor desta (que ele é a parte que comanda, ela a que obedece), isso não poderá ser considerado como conflitante com a igualdade natural de um casal, se essa dominação se basear somente na natural superioridade do marido em relação à esposa no que respeita à capacidade dele de promover o interesse comum da vida doméstica, e o direito de comandar que nisso está baseado pode ser deduzido do próprio dever de unidade e igualdade no que tange à finalidade.

§ 27

Um contrato de casamento é consumado somente pela *relação sexual conjugal* (*copula carnalis*). Um contrato realizado entre duas pessoas de sexo oposto, seja com o tácito entendimento de se absterem da relação sexual ou a ciência de que uma das pessoas ou ambas são incapazes de produzi-la, é um *contrato simulado* que não institui casamento algum e que pode, igualmente, ser dissolvido por uma ou outra das pessoas que assim o quiser. Mas se essa incapacidade surgir apenas posteriormente, não poderão ser privadas desse direito devido a um acidente do qual ninguém é culpado.

A aquisição de uma esposa ou de um marido, assim, não ocorre nem via *facto* (através da relação) sem um contrato que o preceda, nem via *pacto* (através de um mero contrato de casamento[62] sem a relação sexual que o suceda), mas somente via *lege*, ou seja, como a conseqüência jurídica da obrigação de não se envolver na união sexual, exceto através da posse recíproca das pessoas, que é realizada somente através do uso mútuo de seus atributos sexuais.

Título II – Direito dos pais

§ 28

Tal como surgiu do dever para consigo mesmo, isto é, para a humanidade na própria pessoa de alguém, um *direito* (*ius personale*) de ambos os sexos de se adquirirem mutuamente como pessoas *à maneira de coisas* através do casamento, segue-se a partir da procriação nessa comunidade um *dever* de preservar e zelar por sua prole, ou seja, os

---

62. Kant não fecha parênteses aqui. (n.t.)

filhos, como pessoas, têm por sua procriação um direito inato original (não adquirido) ao cuidado por parte de seus pais até serem capazes de cuidar de si mesmos, e são detentores deste direito diretamente por força da lei (*lege*), isto é, sem que haja necessidade de qualquer ato especial para o estabelecimento desse direito.

Pois o filho é uma *pessoa* e é impossível formar um conceito da produção de um ser dotado de liberdade através de uma operação física.[63] Assim, de um ponto de vista prático, constitui uma idéia inteiramente correta e, inclusive, necessária encarar o ato de procriação como um ato pelo qual trouxemos uma pessoa ao mundo sem seu consentimento e como nossa própria iniciativa, ação pela qual incorrem os pais numa obrigação de tornar a criança satisfeita com sua condição tanto quanto possam. Não podem destruir seu filho, como se ele fosse alguma coisa que eles *fizeram* (uma vez que um ser dotado de liberdade não é suscetível de ser um produto deste tipo) ou como se ele fosse propriedade deles, como tampouco podem simplesmente abandoná-lo à própria sorte, já que não trouxeram meramente um ser mundano, mas sim um cidadão do mundo a uma condição que não pode agora lhes ser indiferente, mesmo simplesmente de acordo com conceitos do direito.

Se o jurista-filósofo refletir na dificuldade do problema a ser resolvido e na necessidade de resolvê-lo para satisfazer princípios de direito nesta matéria, ele não julgará esta investigação – que remontará por todo o trajeto aos primeiros elementos de filosofia transcendental numa metafísica dos costumes – *desnecessária*, ponderando que ela se perde numa obscuridade destituída de objetivo.

---

63. Não é possível formar nenhum conceito de como é possível para Deus criar seres livres, pois parece como se todas as futuras ações deles tivessem que ser predeterminadas por esse primeiro ato, incluídas na cadeia da necessidade natural e, portanto, não livres. Mas que tais seres (nós, seres humanos) são ainda livres o imperativo categórico o prova para propósitos moralmente práticos, como através de uma decisão impositiva da razão sem ser capaz de tornar essa relação de causa para efeito compreensível para propósitos teóricos, visto que ambos são supra-sensíveis. Tudo que alguém pode exigir aqui da razão seria meramente provar que não há contradição no conceito de uma *criação de seres livres* e ela pode fazê-lo se demonstrar que a contradição aparece somente se, juntamente com a categoria da causalidade, a condição temporal, que é inevitável em relação a objetos sensíveis (a saber, que o fundamento de um efeito o precede), é também introduzida na relação de seres supra-sensíveis. Quanto ao supra-sensível, se é para o conceito causal lograr realidade objetiva para propósitos teóricos, a condição temporal teria que ser introduzida aqui também. Mas a contradição desaparece se a categoria pura (sem um esquema colocado sob ela) é usada no conceito de criação com um intento moralmente prático e, portanto, não sensível.

§ 29

A partir desse dever deve necessariamente também surgir o direito dos pais de manipular e dar formação ao filho, até este não ter ainda dominado o uso de seus membros ou de seu entendimento: o direito não só de alimentá-lo e dele cuidar, como também de educá-lo, desenvolvê-lo tanto *pragmaticamente*, de sorte que no futuro ele possa zelar por si mesmo e abrir seu caminho pela vida, quanto *moralmente*, visto que, de outro modo, a culpa por ter descuidado dele recairá sobre os pais. Eles têm o direito de realizar tudo isso até o momento de sua emancipação (*emancipatio*), quando renunciam ao direito de pais de dirigi-lo, bem como a qualquer reivindicação de serem compensados pelo sustento e penas que experimentaram até então com o filho. Depois de terem completado sua educação, a única obrigação (para com seus pais) com a qual eles poderão onerá-lo é um mero dever de virtude, a saber, o dever de gratidão.

Da *personalidade* de um filho também resulta que o direito dos pais não é simplesmente o direito a uma coisa, uma vez que um filho jamais pode ser considerado como a propriedade de seus pais, de modo que o direito deles não é alienável (*ius personalissimum*). Mas este direito não é, igualmente, apenas um direito relativo a uma pessoa, uma vez que uma criança ainda pertence aos seus pais como o que é deles (está ainda na posse deles como uma coisa e pode ser devolvida, mesmo contra sua vontade, à posse de seus pais a partir da posse de outrem). É, ao contrário, um direito a uma pessoa *que tem afinidade com um direito a uma coisa*.

Disso se evidencia que na doutrina do direito deve necessariamente ser adicionado aos títulos *direitos a coisas* e *direitos em relação a pessoas* o título *direitos a pessoas que têm afinidade com direitos a coisas*; a divisão feita até agora não foi completa, pois quando nos referimos aos direitos de pais com os filhos como parte de seu lar, aludimos não meramente ao dever dos filhos de retornarem em caso de fuga, mas à justificativa dos pais de se apoderarem deles e os encerrarem como coisas (tal como animais domésticos que se extraviam).

Título III – Direito do chefe do lar

§ 30

Os filhos de uma casa, que juntamente com seus pais formam uma família, alcançam sua maioridade (*maiorennes*) sem qualquer contrato,

INTRODUÇÃO AO ESTUDO DO DIREITO • DOUTRINA DO DIREITO 97
A DOUTRINA UNIVERSAL DO DIREITO – DIREITO PRIVADO EDIPRO

que os desligue de sua anterior dependência, meramente pela consecução da capacidade de sustentar a si mesmos (o que acontece em parte como uma chegada natural à maioridade pelo curso geral da natureza, em parte pela adaptação de suas qualidades naturais particulares). Em outras palavras, eles se tornam seus próprios senhores (*sui iuris*) e adquirem este direito sem qualquer ato especial que o estabeleça e, assim, meramente por lei (*lege*). Tal como eles não se encontram em débito com seus pais pela educação que receberam, os pais se encontram liberados, do mesmo modo, de sua obrigação com seus filhos, e tanto filhos quanto pais adquirem ou readquirem sua liberdade natural. A sociedade doméstica que se fez necessária de acordo com a lei está agora dissolvida.

Ambas as partes podem agora manter o que é realmente o mesmo lar, porém mediante uma forma diversa de obrigação, nomeadamente, como a conexão do chefe do lar com os criados (criados ou criadas da casa). O que eles mantêm é a mesma sociedade doméstica, mas se trata agora de uma sociedade *submetida ao chefe do lar* (*societas herilis*), formada por um contrato mediante o qual o chefe do lar estabelece uma sociedade doméstica com os filhos que atingiram agora sua maioridade ou, se a família não tiver filhos, com outras pessoas livres (membros da comunidade doméstica). Esta seria uma sociedade de desiguais (uma parte estando no comando ou sendo sua governante, a outra obedecendo, isto é, servindo) (*imperantis et subiecti domestici*).

Os criados estão incluídos nos pertences do chefe do lar e no que diz respeito à forma (a maneira de ele estar de posse), eles lhe pertencem por um direito que é como um direito a uma coisa, pois se eles fugirem dele, ele pode trazê-los de volta ao seu poder mediante sua escolha unilateral. Mas no que tange a esta matéria, ou seja, qual uso pode ele fazer desses membros de sua casa, ele jamais pode se comportar como se eles fossem sua *propriedade* (*dominus servi*), porque é somente mediante um contrato que ele os submeteu ao seu controle, e um contrato por meio do qual uma parte renunciasse completamente à sua liberdade a favor da vantagem da outra seria contraditório, isto é, nulo e vazio, visto que segundo ele uma parte cessaria de ser uma pessoa e, assim, não teria dever algum de manter o contrato, se limitando a reconhecer apenas a força. (O direito de propriedade relativo a alguém que foi privado de sua personalidade devido a um crime não está sendo examinado aqui).

O contrato do chefe de um lar com os criados não pode, portanto, ser tal que o uso que ele faz deles corresponda a desgastá-los ou consumi-los, e não compete exclusivamente a ele julgar a respeito disso, como também aos criados (que, em consonância, jamais podem ser reduzidos à servidão);[64] conseqüentemente, o contrato não pode ser celebrado para a vida toda, mas no máximo apenas por um período não especificado, dentro do qual é permitido a uma parte notificar a outra. Mas os filhos (mesmo os de alguém que se tornou um escravo em função de seu crime) são sempre livres, uma vez que todos nascem livres, pois não cometeram ainda um crime; e o custo para educá-los até atingirem a maioridade não pode ser a eles contabilizado como um débito que têm que saldar, isto porque o escravo teria que educar seus filhos, se pudesse, sem onerá-los com o custo de sua educação, e se ele não está capacitado para isso, a obrigação recai no seu possuidor.

Assim, revemos aqui, como nos dois títulos precedentes, que há um direito a pessoas que tem afinidade com um direito a coisas (do chefe do lar em relação aos criados), porque ele pode trazer criados de volta e reclamá-los de qualquer um que tenha deles a posse, *como aquilo que é seu externamente*, mesmo ante as razões que possam tê-los levado a fugir e o exame dos direitos destes.

Divisão dogmática
de todos os direitos adquiríveis mediante contrato

§ 31

Uma doutrina metafísica do direito pode ser exigida para enumerar *a priori* os membros de uma divisão (*divisio logica*) numa maneira completa e determinada e para estabelecer por meio disto uma autêntica sistematização deles. Ao invés de prover um sistema, qualquer divisão empírica se mostra meramente fragmentária (*partitio*) e deixa na incerteza se não há membros adicionais que seriam necessários para completar toda a esfera do conceito dividido. Pode-se chamar de *dogmática* uma divisão de acordo com um princípio *a priori* (em contraste com divisões empíricas).

Todo contrato consiste em si mesmo, quer dizer, considerado *objetivamente*, de dois atos que estabelecem um direito, uma *promessa* e sua *aceitação*. A aquisição através da aceitação não constitui uma *parte* de

---

64. Kant frisa a distinção entre *Dienerschaft* (condição de criado ou serviçal) e *Leibeigenschaft* (condição de servo, servidão). (n.t.)

um contrato (a menos que este contrato seja um *pactum re initum*, que requer entrega), mas sim o *resultado* juridicamente necessário dele. Mas considerado *subjetivamente* – ou seja, no que toca a se esse resultado racionalmente necessário (a aquisição que *deve* ocorrer) efetivamente se constituirá como tal (ser o resultado *natural*) – a aceitação da promessa não me concede ainda nenhuma garantia de que ocorrerá efetivamente esse resultado. Visto que esta garantia pertence externamente à modalidade de um contrato, nomeadamente a *certeza* de aquisição por meio de um contrato, trata-se de um fator adicional que serve para completar o meio de alcançar a aquisição que constitui o propósito de um contrato. Para isto três pessoas são envolvidas: um promitente, um aceitante e um garantidor. O aceitante, na verdade, nada mais ganha relativamente ao objeto por meio do garantidor e seu contrato separado com o promitente, embora ganhe, de qualquer modo, o meio de coerção para obter o que é seu.

Conforme esses princípios de divisão lógica (racional) há, estritamente falando, apenas três tipos simples e puros de contrato. Há inúmeros tipos mistos e empíricos de contrato, que se somam aos princípios do que é meu ou teu de acordo apenas com leis de razão, leis estatutórias e convencionais. Mas eles se encontram além da esfera da doutrina metafísica do direito, que é tudo que deveria ser submetido a exame aqui.

Todo contrato tem como propósito *ou A.* aquisição unilateral (um contrato gratuito) *ou B.* aquisição bilateral (um contrato oneroso), *ou* nenhuma aquisição, mas somente *C.* o garantir o que pertence a alguém (este contrato pode ser a título gratuito por um lado, mas pode, ainda, ser a título oneroso pelo outro lado).

A) O contrato gratuito (*pactum gratuitum*) é:

    a) A guarda de bens confiados (*depositum*).

    b) O empréstimo de uma coisa (*commodatum*).

    c) A doação (*donatio*).

B) O contrato oneroso inclui:

    I - O contrato para alienação de alguma coisa (*permutatio late sic dicta*).[65]

        a) A troca (*permutatio stricte sic dicta*).[66] Mercadorias por mercadorias.

---

65. Troca em sentido lato. (n.t.)
66. Troca em sentido estrito. (n.t.)

b) Compra e venda (*emptio venditio*). Mercadorias por dinheiro.

c) Empréstimo para consumo (*mutuum*). Alienação de uma coisa sob a condição de ser ela devolvida somente em espécie (por exemplo, cereal por cereal ou dinheiro por dinheiro).

II - O contrato de locação (*locatio conductio*).

a) A locação de uma coisa minha a outra pessoa para o uso desta (*locatio rei*). Porquanto se trata de um contrato oneroso, permite-se também a inclusão de um pagamento de juros (*pactum usurarium*), se a devolução puder ser feita apenas em espécie.

b) O contrato de locação de trabalho (*locatio operae*), ou seja, a concessão a outrem do uso de minhas forças por um preço específico (*merces*). Mediante este contrato o trabalhador é o assalariado (*mercenarius*).

c) O contrato que concede poderes a um representante (*mandatum*). Executar negócios de outrem em seu lugar e em seu nome. Se alguém executa negócios de outrem em seu lugar, *mas não também em seu nome*, é qualificado de *gestão de seus negócios sem comissionamento para fazê-lo* (*gestio negotii*); quando, entretanto, isso é feito em nome do outro, nós o chamamos de *mandato*. Como um contrato de locação, trata-se de um contrato oneroso (*mandatum onerosum*).

C) Os contratos que fornecem caução (*cautio*).

a) A entrega e aceitação simultâneas de um penhor (*pignus*).

b) O assumir responsabilidade pela promessa de outrem (*fideiussio*).

c) O afiançamento à pessoa[67] (*praestatio obsidis*).

Nesse quadro, de todos os meios de transferir (*translatio*) o que pertence a um para um outro, se apresentam conceitos de objetos ou instrumentos de transferência que se afiguram inteiramente empíricos e que, inclusive do prisma de sua possibilidade, não contam com um lugar ade-

---

67. Subentende-se *relativamente ao cumprimento (prestação) de alguma coisa por parte da pessoa*. (n.t.)

INTRODUÇÃO AO ESTUDO DO DIREITO • DOUTRINA DO DIREITO 101
A DOUTRINA UNIVERSAL DO DIREITO – DIREITO PRIVADO EDIPRO

quado numa doutrina metafísica do direito, na qual a divisão deve ser feita de acordo com princípios *a priori*, abstraindo-se da matéria que é permutada (que poderia ser convencional) e considerando-se apenas a forma. Tal, por exemplo, é o conceito de *dinheiro*, em contraste com todas as outras coisas alienáveis, a saber, *as mercadorias*, sob o título de *compra e venda*, bem como o conceito de *livro*. Porém, será demonstrado que o conceito de dinheiro, como o maior e mais útil dos meios de que dispõem os seres humanos para a troca de coisas, chamado de *compra e venda* (comércio) e, assim, também, o conceito de livro, como o maior dos meios para a troca de pensamentos, podem, não obstante, ser *resolvidos*[68] em relações intelectuais puras. Assim, o quadro dos contratos puros prescinde de ser tornado impuro por qualquer coisa empírica que lhe seja misturada.

I – O que é o dinheiro?

O *dinheiro* é uma coisa que só pode ser usada através de sua *alienação*. Temos aqui uma boa definição nominal dele (tal como a apresentou Achenwall),[69] isto é, ela basta para distinguirmos esse tipo de objeto de escolha de qualquer outro, embora não nos dê nenhuma informação a respeito da possibilidade de uma tal coisa. Ainda assim, a partir da definição nominal pode-se entrever suficientemente, *primeiro,* que a alienação do dinheiro na troca não visa a doação, mas a aquisição recíproca (mediante um *pactum onerosum*), e *segundo,* que o dinheiro *representa* todas as mercadorias, uma vez que é concebido como um *mero meio de comércio universalmente aceito* (no interior de uma nação), que não possui valor em si mesmo, em oposição às coisas, que são *mercadorias* (isto é, que têm valor em si mesmas e estão relacionadas às necessidades particulares de um ou outro dentro da nação).

Um alqueire de cereal[70] possui o maior valor direto na qualidade de um meio de satisfazer as necessidades humanas. Pode ser usado como

---

68. *...auflösen...:* a idéia de resolução ou solução se funde necessariamente às idéias conexas de dissolução e decomposição (redução aos elementos mínimos). (n.t.)

69. Kant se reporta ao texto de Gottfried Achenwall intitulado *Ius Naturae*, utilizado por ele regularmente no seu curso de direito natural ministrado várias vezes ao longo de sua carreira de professor universitário. (n.t.)

70. *...Getreide...:* cereal em geral, mas principalmente o trigo, que sempre foi o mais comum, o mais produzido dos cereais europeus e a base mais importante da alimentação humana e animal. (n.t.)

alimento dos animais, os quais nos alimentam, nos transportam e trabalham em nosso lugar; por meio dele, além disso, a população humana é aumentada e preservada, a qual, por sua vez, não apenas multiplica esses produtos naturais, como também ajuda a atender às nossas necessidades dos produtos da arte, mediante a construção de casas, a confecção de roupas, o fornecimento dos prazeres que buscamos e, em geral, de todas as comodidades constituídas pelas mercadorias da indústria. Contrastando com isso, o valor do dinheiro é apenas indireto. Não é possível desfrutar o próprio dinheiro ou fazer uso imediato dele de maneira alguma. E não obstante isso, ele constitui um meio que, entre todas as coisas, possui a maior de todas as utilidades.

Com fundamento nisso pode-se apresentar uma *definição real* do dinheiro: *ele é o meio universal pelo qual os homens permutam entre si seu labor*.[71] Assim, a riqueza de uma nação, na medida em que é adquirida por meio de dinheiro, é realmente apenas a soma do trabalho com o qual os homens se pagam mutuamente e que é representado pelo dinheiro que circula dentro da nação.

A coisa a ser chamada de dinheiro deve, portanto, ter custado tanto labor para ser produzida ou obtida de outros homens quanto o labor pelo qual essas mercadorias (produtos naturais ou artificiais) são adquiridas, para o que esse labor é permutado, porque se fosse mais fácil obter a matéria chamada dinheiro, do que mercadorias, entraria, então, mais dinheiro no mercado, do que mercadorias para venda, e visto que o vendedor teria que ter despendido mais trabalho por suas mercadorias, do que o comprador, que conseguiu o dinheiro mais prontamente, o labor para a produção das mercadorias, e portanto o comércio em geral, sofreriam uma queda e seriam reduzidos juntamente com a atividade produtiva que resulta na riqueza da nação. Conseqüentemente, títulos bancários e notas promissórias não podem ser considerados como dinheiro, ainda que o possam substituir temporariamente, porque produzi-los não custa quase trabalho algum e seu valor se baseia exclusivamente na opinião de que continuarão como antes capazes de ser convertidos em dinheiro vivo; mas na eventualidade da descoberta de que não há dinheiro vivo suficiente com o qual pudessem ser pronta e seguramente trocados, tal opinião desapareceria subitamente e tornaria inevitável a

---

71. *Fleiß (Fleiss)* é o termo usado por Kant, mais próximo semanticamente de *aplicação, esforço, diligência* do que o conceito mais amplo e geral de trabalho (*Arbeit*). Mas o contexto e especialmente a alusão a Adam Smith no fecho deste bloco de discussão nos autorizam a preferir o conceito mais lato de *trabalho, labor* ou *atividade*. (n.t.)

falta de pagamentos. Assim, a atividade produtiva daqueles que operam as minas de ouro e prata no Peru ou no Novo México, especialmente em vista do trabalho despendido em vão com tentativas de descoberta de veios tão amiúde sem êxito, é aparentemente ainda maior do que a despendida na fabricação de mercadorias na Europa; e este excesso de trabalho seria suspenso diante da falta de pagamento, fazendo com que esses países logo mergulhassem na pobreza, se os europeus não aumentassem sua indústria proporcionalmente, motivados por esses mesmos minérios preciosos, de modo que os luxos que possibilitam constantemente estimulassem em outros o interesse na mineração. Desta maneira, o trabalho sempre concorre para o trabalho, uma forma de labor servindo para desenvolver a outra.

Mas como é possível que o que eram a princípio somente mercadorias finalmente tenham se transformado em dinheiro? Isto aconteceria se um soberano esbanjador, poderoso e abastado, que inicialmente empregasse um material para o adorno e esplendor de seus serviçais (sua corte) viesse a cobrar tributos de seus súditos sobre esse material (como mercadorias), digamos o ouro, a prata, o cobre ou um tipo de atraente concha marinha, chamada de *kauri*; ou, como no Congo, uma espécie de esteira chamada de *makute*, no Senegal, lingotes de ferro, ou na costa da Guiné, mesmo escravos negros, e, por sua vez, pagasse com esse mesmo material aqueles que sua exigência levasse ao trabalho de obtê-lo, de acordo com regras de troca com eles e entre eles (num mercado ou numa Bolsa). Somente desta forma (é o que me parece) uma certa mercadoria poderia se converter num meio lícito de troca de produtos do trabalho entre os súditos e, assim, também se tornar a riqueza da nação, ou seja, *dinheiro*.

O conceito intelectual no qual o conceito empírico de dinheiro se enquadra é, portanto, o conceito de uma coisa que, na circulação das posses (*permutatio publica*), determina o preço de todas as demais coisas (mercadorias), entre as quais se encontram, inclusive, as ciências, na medida em que não seriam, de outra maneira, ensinadas a outros. A quantidade de dinheiro numa nação, assim, constitui sua riqueza (*opulentia*), uma vez que o preço (*pretium*) de uma coisa é o julgamento do público sobre o valor (*valor*) dela proporcionalmente àquilo que serve como o meio universal de representar o intercâmbio recíproco de trabalho (sua circulação). Conseqüentemente, onde há muita atividade comercial, nem o ouro nem o cobre são considerados como *estritamente* dinheiro, mas apenas como mercadoria, já que há muito pouco ouro e demasiado cobre para que estes sejam facilmente colocados em circulação e, ainda assim, estejam disponíveis em porções suficientemente pequenas, como é necessário na troca de mercadorias, ou uma massa destas na compra menor. A *prata* (mais ou menos em liga com o cobre) é, em consonância com isso, tomada como o material apropriado para atuar como dinheiro e medida para cálculo de preços no grande comércio mundial; outros metais (e, inclusive, materiais não metálicos) são encontrados atuando como dinheiro somente numa nação onde há pouco comércio. Mas quando os dois primeiros metais não são apenas pesados, mas também cunhados, isto é, providos de um sinal que indica quanto devem valer, passam a ser dinheiro legal, isto é, *moeda*.

"O dinheiro é, portanto..." (segundo Adam Smith)[72] "aquela coisa material cuja alienação constitui o meio e, ao mesmo tempo, a medida do trabalho, pelo qual seres humanos e nações empreendem o comércio entre si."[73] Esta definição torna o conceito empírico de dinheiro subordinado a um conceito intelectual, por se referir apenas à *forma* daquilo que cada parte concede em retorno à outra em contratos onerosos (e abstraindo de sua *matéria*), com isso trazendo-o ao conceito de direito na troca do que é meu ou teu em geral (*commutatio late sic dicta*),[74] de modo a apresentar o quadro anterior como uma divisão dogmática *a priori*, o que se mostra adequado à metafísica do direito como um sistema.

II – O que é um livro?

Um livro é um escrito (não importa aqui se manuscrito ou impresso, se com poucas ou muitas páginas) que representa um discurso dirigido por alguém ao público, mediante signos lingüísticos visíveis. Dá-se o nome de *autor* (*autor*) àquele que fala ao público em seu próprio nome. Aquele que, através de um escrito, discursa publicamente em nome de outrem (do autor) é o *editor*. Quando o editor o faz com a permissão do autor, ele é um editor legítimo; mas se o faz sem a permissão do autor, é um editor ilegítimo, ou seja, um *editor não autorizado*. A soma de todas as cópias do escrito original (exemplares) é uma *edição*.

---

72. Adam Smith (1723 – 1790), economista e pensador político escocês. (n.t.)
73. Kant não cita Smith textualmente. A citação *in verbis* de *A Riqueza das Nações* seria: "É desta maneira que o dinheiro se tornou em todas as nações civilizadas o instrumento universal do comércio, por cuja intervenção mercadorias de todos os tipos são compradas e vendidas ou permutadas entre si.". No capítulo V da obra supracitada, Adam Smith plasma a idéia segundo a qual o valor de todas as mercadorias é determinado pelo trabalho. (n.t.)
74. *Troca em lato sentido.* (n.t.)

A publicação não autorizada de livros é juridicamente proibida

Um *escrito* não é um signo imediato de uma idéia (como o é, por exemplo, uma gravura que representa uma certa pessoa num retrato, ou uma obra em gesso que é um busto). É um *discurso* ao público, isto é, o autor *fala* publicamente através do editor. Mas o editor fala (através de seu contramestre, *operarius*, o *impressor*) não em seu próprio nome (pois neste caso passaria ele próprio como autor), mas em nome do autor; e, assim, está autorizado a fazê-lo somente quando o autor lhe fornece um mandato (*mandato*). Ora, é verdade que um editor não autorizado também fala, através de uma edição de sua própria iniciativa, em nome do autor, mas o faz sem ter recebido um mandato do autor (*gerit se mandatarium absque mandato*) e, portanto, comete o crime de roubar os lucros do editor que foi designado pelo autor (que é, conseqüentemente, o único legítimo), lucros que o editor legítimo poderia e teria obtido do uso de seu direito (*furtum usus*). Assim, a *publicação não autorizada* de livros é juridicamente proibida.

Por que a publicação não autorizada, que nos atinge mesmo à primeira vista como injusta, ainda assim apresenta a aparência de ser legal? Porque por um lado um livro é um artefato corpóreo (*opus mechanicum*) que pode ser reproduzido (por alguém que esteja em posse legítima de uma cópia dele), de modo que haja um *direito a uma coisa* com relação a ele e, por outro lado, um livro é também um mero discurso do editor ao público, que o editor não tem permissão de repetir publicamente sem ter um mandato do autor para fazê-lo (*praestatio operae*), e este é um direito pessoal (direito em relação a uma pessoa). O erro consiste em tomar erroneamente um destes direitos pelo outro.

Há um outro caso, em contratos de locação (B, II, a), no qual a confusão de um direito em relação à pessoa com um direito a uma coisa constitui material para disputa: é o caso do *aluguel a um inquilino* (*ius incolatus*). A questão surge de se um proprietário que tenha alugado (arrendado) sua casa (ou sua terra) a alguém e a vende a alguém mais, antes do vencimento do aluguel, está obrigado a vincular ao contrato de venda a cláusula da condição de continuidade do aluguel, ou se é possível dizer que a compra rompe o aluguel (ainda que o locatário venha a ser informado, o tempo sendo determinado pelo costume). Na primeira alternativa, a casa realmente tinha uma obstrução ou carga (*onus*) sobre si, um direito a essa coisa que o locatário havia adquirido nela (a casa). Isto pode realmente ocorrer (fazendo constar essa carga no registro de terras, como inclusa no contrato de aluguel); porém, neste caso, isso não seria um mero contrato de aluguel, mas um contrato ao qual um outro contrato fora necessário acrescentar (contrato com o qual poucos senhorios concordariam). Assim, a afirmação "A compra rompe o aluguel" é válida, ou seja, um pleno direito a uma coisa (propriedade) supera em validade qualquer direito relativamente à pessoa que não possa coexistir com o direito à coisa. Mas ainda permanece em aberto para o locatário (inquilino) a queixa com base em seu direito relativamente à pessoa, de modo a ser compensado por quaisquer danos resultantes da ruptura do contrato.

Seção Episódica
Da aquisição ideal de um objeto externo da escolha

§ 32

Classifico a aquisição como *ideal* quando esta não envolve qualquer causalidade no tempo e é, portanto, baseada numa mera idéia de razão pura. É, não obstante, aquisição verdadeira e não imaginária e a única razão para não classificá-la como real é que o ato de adquirir não é empírico, uma vez que o sujeito adquire de um outro que *ou* não existe ainda (somente se admite a possibilidade de sua existência) *ou* deixou de existir, ou quando o sujeito não existe mais, de sorte que entrar de posse constitui meramente uma idéia prática de razão. Há três tipos de tal aquisição: 1) por posse prolongada;[75] 2) por herança e 3) por mérito imortal (*meritum immortale*), ou seja, a reivindicação de uma boa reputação após a morte. Todos os três podem, realmente, ter efetividade apenas numa condição jurídica pública, mas não estão baseados somente em sua constituição e nos estatutos escolhidos nesta contidos: também são concebíveis *a priori* no estado de natureza e têm que ser concebidos como anteriores a tais estatutos para que as leis da constituição civil possam, posteriormente, ser adaptadas a eles (*sunt iuris naturae*).

§ 33 : I – Aquisição por posse prolongada

Adquiro a propriedade de um outro indivíduo meramente através de sua longa posse (*usucapio*) não porque eu possa legitimamente pre-

---

75. *Ersitzung*, usucapião. (n.t.)

sumir que ele consente na minha aquisição dela (*per consensum praesuntum*), nem porque eu possa assumi-lo, uma vez que se ele não me contradizer terá a ela renunciado (*rem derelictam*), mas porque mesmo que houvesse alguém que fosse o verdadeiro proprietário e como tal a tivesse reivindicado (pretendente), ainda assim eu poderia excluí-lo tãosó em virtude de minha longa posse, ignorar sua existência até então e prosseguir como se ele existisse até a época de minha posse somente como uma entidade-pensamento, mesmo que eu soubesse mais tarde de sua realidade, bem como daquela de sua reivindicação. Embora esta forma de adquirir seja chamada de aquisição por prescrição (*per praescriptionem*), isto não é totalmente correto, visto que a exclusão de reivindicações é para ser considerada somente como um resultado da aquisição, a qual tem que vir em primeiro lugar. Agora é preciso provar que é possível adquirir alguma coisa dessa forma.

Alguém que não exerce um ato possessório (*actus possessorius*) contínuo relativamente a uma coisa externa, como alguma coisa que é sua, é acertadamente considerado como alguém que não existe de modo algum (como seu possuidor), pois não pode se queixar de ser lesado enquanto não fizer nada para justificar seu título de possuidor; e mesmo se mais tarde, quando uma outra pessoa houver tomado posse dela, declara a si mesmo como sendo seu possuidor, tudo que está dizendo é que foi uma vez seu próprietário, não que ainda é e que sua posse permaneceu ininterrupta sem um ato jurídico contínuo. Conseqüentemente, se alguém não usa uma coisa por muito tempo, somente um ato possessório jurídico – e, na verdade, um ato que seja continuamente mantido e documentado – pode garantir que é sua.

Pois supõe que o não realizar esse ato possessório não teve como resultado capacitar outrem a basear um direito sólido (*possessio irrefragabilis*) em sua posse lícita em boa fé (*possessio bonae fidei*) e a considerar a si mesmo como tendo adquirido a coisa que está em sua posse. Então nenhuma aquisição seria definitiva (garantida); toda aquisição seria apenas provisória (até o presente), uma vez que a investigação do passado é incapaz de remontar ao primeiro possuidor e seu ato de aquisição. A suposição em que se baseia a posse prolongada (*usucapio*), não está, portanto, meramente em conformidade com o direito (permitida, *iusta*) como uma *conjetura*, como também está em harmonia com direitos (*praesumtio iuris et de iure*) como uma pressuposição em termos de leis coercitivas (*suppositio legalis*): quem quer que não consiga documentar seu ato possessório perdeu seu direito de reivindicação ao possuidor presente, e o período durante o qual não conseguiu fazê-lo (que não pode e não precisa ser especificado) é apresentado somente para sustentar a certeza de sua omissão. Que um possuidor até então desconhecido pudesse sempre obter alguma coisa de volta (recuperá-la) quando seu ato possessório foi interrompido (ainda que não por sua própria falta) contradiz o postulado acima da razão prática relativamente aos direitos (*dominia rerum incerta facere*).

Se ele for um membro de uma comunidade, isto é, viver no estado civil, o Estado (representando-o) pode, com efeito, preservar sua posse para ele, ainda que tenha sido interrompida como posse privada e um possuidor presente não necessite provar seu título de aquisição remontando-o ao primeiro possuidor ou baseando-o na posse prolongada. No estado de natureza, entretanto, a posse prolongada está em conformidade com o direito, não, estritamente falando, para a aquisição de uma coisa, mas para manter a sua posse sem um ato que estabeleça o direito; e esta imunidade a reivindicações é também geralmente chamada de aquisição. A prescrição de um possuidor mais antigo, portanto, pertence ao direito natural (*est iuris naturae*).

§ 34 : II – Herança (*Acquisitio hereditatis*)

Herança é transferência (*translatio*) dos pertences e bens de alguém moribundo a um sobrevivente, mediante acordo das vontades de ambos. A aquisição pelo herdeiro (*heredis instituti*) e o deixar por parte do testador (*testatoris*), ou seja, essa mudança dos pertences, ocorre num momento, qual seja, no momento em que o testador deixa de existir (*articulo mortis*). Não é, portanto, estritamente falando, uma transferência (*translatio*) no sentido empírico, uma vez que isso supõe dois atos sucessivos, a saber, os atos pelos quais uma pessoa primeiramente deixa suas posses e a outra, então, as recebe. Trata-se, em lugar disso, de uma aquisição ideal. Ora, a herança no estado de natureza não pode ser concebida sem uma derradeira vontade (*dispositio ultimae voluntatis*). Se isto é um contrato de herança (*pactum successorium*) ou uma disposição unilateral ao herdeiro (*testamentum*) resulta na questão de se e como é possível que pertences passem de um a outro precisamente no momento no qual o sujeito deixa de existir. A questão de como é possível adquirir por herança deve, em consonância com isso, ser investigada à parte das muitas maneiras nas quais pode ser realizada (que só podem ser encontradas numa comunidade).

"É possível adquirir alguma coisa através da disposição ao herdeiro." Pois o testador, Caio, promete e em sua derradeira vontade declara a Tício, que nada conhece dessa promessa, que por ocasião de sua morte seus pertences devem ser transferidos a Tício. Enquanto viver, Caio, portanto, permanecerá como o único proprietário de seus pertences. Ora, é verdadeiro que mediante uma vontade unilateral apenas nada pode passar à outra pessoa; para isto é necessário, além da promessa, a aceitação (*acceptatio*) da outra parte e uma vontade simultânea (*voluntas simultanea*), as quais ainda faltam aqui, pois enquanto Caio estiver vivo, Tício não poderá aceitar explicitamente, de maneira a adquirir por sua aceitação, uma vez que Caio prometeu apenas por ocasião de sua morte (de outro modo, a propriedade seria, por um momento, propriedade comum, e esta não é a vontade do testador). Tício, entretanto, ainda adquire tacitamente um direito de propriedade ao legado como um direito a uma coisa: nomeadamente, tem o direito exclusivo de aceitá-lo (*ius in re iacente*), de maneira que o legado, no momento da morte, é chamado de *hereditas iacens*. Ora, visto que todo ser humano aceitaria necessariamente um tal direito (uma vez que pode sempre ganhar, porém jamais perder por ele), e, assim, aceita tacitamente, e uma vez que Tício, depois da morte de Caio, está nessa situação, ele pode adquirir o legado por aceitação da promessa e o legado não se tornou completamente sem dono (*res nullius*) entrementes, mas apenas vago (*res vacua*), pois exclusivamente Tício tem o direito de fazer a escolha de se quer ou não tornar os pertences a ele deixados seus próprios pertences.

Em conformidade com isso, testamentos também são válidos de acordo com o mero direito natural (*sunt iuri naturae*). Esta asserção, entretanto, deve ser entendida como significando que os testamentos são apropriados e têm valor para serem introduzidos e sancionados na condição civil (se esta se manifesta algum dia), porquanto somente a condição civil (a vontade geral nela) confirma a posse de um legado enquanto este paira entre a aceitação e a rejeição e, estritamente falando, a ninguém pertence.

§ 35 : III – Deixando atrás de si uma boa reputação (*Bona fama defuncti*)

Seria absurdo pensar que alguém que tenha morrido ainda possua alguma coisa após sua morte (e, assim, quando não mais existe), se o que deixou atrás de si fosse uma coisa. Mas uma *boa reputação* é um meu ou teu externo inato, embora apenas um meu ou teu ideal, o qual se prende ao sujeito como uma pessoa, um ser de tal natureza que posso e tenho que abstrair da questão de se cessa ele de ser inteiramente por ocasião de sua morte ou se sobrevive como uma pessoa, pois no contexto de seu direito relativamente a outros, eu efetivamente considero toda pessoa simplesmente em termos de sua humanidade, e, por conseguinte, como *homo noumenon*. Assim, qualquer tentativa de macular por meio da falsidade a reputação de alguém após sua morte é suspeita porque é, no mínimo, não generoso denegrir alguém que está ausente e não pode defender-se, a menos que se esteja absolutamente certo a respeito das reprovações apresentadas. Todavia, uma acusação bem fundada é ainda válida (de sorte que o princípio *de mortuis nihil nisi bene*[76] é incorreto).

Para alguém adquirir através de uma vida irrepreensível e a morte que dá fim a esta um bom nome (negativamente), o qual continua sendo o seu quando não mais existir como *homo phaenomenon*; para aqueles que a ele sobrevivem (parentes ou estranhos) serem também autorizados por direito a defendê-lo (pois acusações destituídas de provas são perigosas também a eles, uma vez que poderiam ser objeto de tratamento semelhante ao morrerem); para alguém se capacitar a adquirir um tal direito, trata-se – eu o digo – de um fenômeno tão estranho quanto inegável, um fenômeno da razão legisladora *a priori* que estende seus comandos e proibições mesmo além das fronteiras da vida. Se qualquer pessoa difunde no exterior que alguém falecido cometeu um crime que, em sua existência, o teria tornado sem honra ou apenas desprezível, quem quer que produzisse provas de que tal acusação constitui uma falsidade intencional e uma mentira, poderia publicamente declarar como caluniador aquele que espalhou tal rumor malevolente e, assim, destituir a honra desta pessoa. Não estaria capacitado a fazê-lo, a menos que pudesse assumir acertadamente que o indivíduo falecido foi prejudicado pela calúnia, ainda que morto, e que essa defesa lhe trouxesse satisfação, a despeito de ele não existir mais.[77] Um apologista prescinde

---

76. Limitar-se a dizer o bem dos mortos. (n.t.)

77. Porém, não se deve tirar disto quaisquer conclusões supersticiosas sobre pressentimentos de uma vida futura ou sobre relações ocultas com almas desencarnadas. Pois o que está aqui em discussão não vai além das relações puramente morais e jurídicas a serem encontradas entre os homens também durante a vida. Trata-se de relações nas quais seres humanos se colocam como seres inteligíveis, porquanto logicamente se põe de lado, ou seja, se abstrai tudo que é físico (isto é, tudo que concerne à sua existência no espaço e no tempo), mas não suprimimos essa sua natureza e os convertemos em espíritos, condição na qual sentiriam a ofensa daqueles que os caluniam. Alguém que, daqui a cem anos, repita falsamente algo malevo-

de provar sua autorização para desempenhar o papel de apologista dos mortos, pois todos inevitavelmente arrogam tal coisa a si mesmos como pertinente não meramente ao dever de virtude (o dever considerado eticamente), mas ao dever de humanidade; a mácula lançada à pessoa morta não precisa ter sido prejudicial a qualquer pessoa particular, tais como seus amigos e parentes, para justificar tal denúncia. É, portanto, indiscutível haver uma base para uma tal aquisição ideal e para o direito de alguém, após sua morte, relativamente àqueles que a ele sobrevivem, ainda que não se possa apresentar nenhuma dedução de sua possibilidade.

Capítulo III
DA AQUISIÇÃO QUE É DEPENDENTE SUBJETIVAMENTE DA DECISÃO DE UMA CORTE PÚBLICA DE JUSTIÇA

§ 36

Se entendemos por direito natural somente o direito não-estatutário, daí simplesmente o direito que pode ser conhecido *a priori* pela razão de todos, o direito natural incluirá não apenas a justiça que tem validade entre as pessoas em seus intercâmbios mútuos (*iustitia commutativa*), como também a justiça distributiva (*iustitia distributiva*), na medida em que pode ser conhecido *a priori* de acordo com o princípio da justiça distributiva como suas decisões (*sententia*) teriam que ser alcançadas.

A pessoa moral que administra justiça é um tribunal (*forum*), e sua administração de justiça é um julgamento (*iudicium*). Tudo isso é aqui cabalmente pensado *a priori* somente de acordo com condições de direito, sem levar em consideração como tal constituição deve ser instalada e organizada (*estatutos* e, conseqüentemente, princípios empíricos, pertencem a uma constituição real).

---

lente a respeito de mim ofende-me precisamente agora, pois numa relação puramente de direitos, que é inteiramente intelectual, é feita abstração de quaisquer condições físicas (de tempo) e quem quer que me furte de minha honra (um caluniador) é exatamente tão punível como se o tivesse feito durante minha existência – punível, todavia, não por uma corte criminal, mas apenas pela opinião pública, a qual, de acordo com a lei da retaliação, lhe inflige a mesma perda da honra que ele diminuiu em outro indivíduo. Mesmo um plágio que um escritor comete contra uma pessoa morta, ainda que não macule realmente a honra da pessoa morta, limitando-se a furtar dela uma parte dessa honra, é ainda assim punido pelo direito, como lhe tendo produzido uma lesão (furtado o homem).

Assim, a questão aqui não é meramente o que é o *direito em si mesmo*, isto é, como todo ser humano tem que julgá-lo de sua parte, mas o que o direito é ante um tribunal, isto é, o que é formulado como direito. E aqui há quatro casos em que dois julgamentos diferentes e opostos podem resultar e persistir lado a lado, porque são produzidos a partir de dois pontos de vista diferentes, ambos verdadeiros: um de acordo com o direito privado, o outro de acordo com a idéia do direito público. Estes casos são: 1) um contrato para fazer uma doação (*pactum donationis*); 2) um contrato de empréstimo (*commodatum*); 3) a recuperação (*vindicatio*); 4) o juramento (*iuramentum*).

É uma falha comum (*vitium subreptionis*) dos catedráticos de direito representar equivocadamente, como se fosse também o princípio objetivo do que é *direito em si mesmo*, aquele princípio jurídico que um tribunal está autorizado, e efetivamente obrigado, a adotar para seu próprio uso (conseqüentemente, para um propósito subjetivo) a fim de pronunciar e julgar o que concerne a cada um como seu direito, embora este último seja muito distinto do primeiro. Não é, portanto, pouco importante reconhecer essa distinção específica e atentar para ela.

§ 37 : A) Do contrato para fazer uma doação

De acordo com o direito privado, esse contrato (*donatio*), através do qual eu alieno sem remuneração (*gratis*) o que é meu, uma coisa minha (ou meu direito), envolve uma relação de eu mesmo, o doador (*donans*), com um outro, o recipiente (*donatorius*), pela qual o que é meu passa para o recipiente mediante sua aceitação dele (*donum*). Mas não é de presumir-se que por esse contrato eu pretenda ser coagido a manter minha promessa e, assim, também renunciar à minha liberdade gratuitamente, por assim dizer, despojar-me de mim mesmo (*nemo suum iactare praesumitur*). No entanto, isto é o que aconteceria de acordo com o direito na condição civil, na qual aquele a quem cabe receber minha doação pode me *coagir* a cumprir minha promessa. Assim, se a matéria fosse apresentada diante de um tribunal, isto é, de acordo com o direito público, teria ou que se presumir que o doador consentiria com essa coerção, o que é absurdo, ou a corte, em seu julgamento (sentença), simplesmente desconsideraria o fato de o doador ter querido ou não reservar sua liberdade de faltar à sua promessa, considerando apenas o que é certo, a saber, a promessa e a aceitação do beneficiário da promessa. Assim, mesmo que, como bem

INTRODUÇÃO AO ESTUDO DO DIREITO • DOUTRINA DO DIREITO 113
A DOUTRINA UNIVERSAL DO DIREITO – DIREITO PRIVADO EDIPRO

poder-se-ia supor, o promitente pensasse que ele não poderia ser obrigado a manter sua promessa, caso houvesse se arrependido de tê-la feito antes de chegar a hora de cumpri-la, o tribunal assume que ele deveria ter feito essa reserva expressamente e que, se não tivesse feito, poderia ser forçado a cumprir sua promessa. O tribunal adota este princípio porque, de outra forma, sua sentença em torno dos direitos se tornaria infinitamente mais difícil ou mesmo impossível.

§ 38 : B) Do contrato de empréstimo

Neste contrato (*commodatum*), pelo qual permito que alguém use sem compensação alguma coisa que me pertence, se as partes contratantes concordam que *esta própria coisa* deve ser devolvida ao meu controle, o tomador do empréstimo (*commodatarius*) não pode presumir que o proprietário da coisa (*commodans*) também assume todo risco (*casus*) de possível perda da coisa, ou do que a torna útil, o que poderia nascer de ter sido ela posta na posse do tomador do empréstimo, pois não é matéria corrente o proprietário, além de conceder ao tomador do empréstimo o uso de sua coisa (tal perda relativamente a si mesmo enquanto indissolúvel da separação da coisa), ter também emitido a favor do tomador do empréstimo uma *garantia* contra quaisquer danos que poderiam ocorrer por ter ele deixado a coisa sair de sua custódia. Seria necessário fazer um contrato separado a respeito disso. A questão, portanto, se restringe ao seguinte: qual dos dois, o emprestador ou o tomador do empréstimo, está incumbido de vincular-se expressamente a um contrato, no sentido de emprestar a condição em torno de assumir o risco de possível dano à coisa?... Ou, se não houver a vinculação de uma tal condição, quem se pode presumir tenha concordado em garantir a propriedade do emprestador (através do retorno dela, ou seu equivalente, a ele?) Não o emprestador, pois não se pode presumir que ele tenha gratuitamente concordado com mais do que o mero uso da coisa (isto é, que ele tenha também assumido a garantia da propriedade). É, ao contrário, o tomador do empréstimo, porque ao assumir essa garantia ele cumpre nada mais do que aquilo que está contido no contrato.

Supõe, por exemplo, que tendo sido surpreendido pela chuva, entro numa casa e solicito o empréstimo de uma capa, a qual é, então, digamos, manchada em caráter permanente quando alguém descuidadamente deixa cair da janela algum material descolorante, ou me é furtada quando entro numa outra casa e a tiro. Todos julgariam absurdo dizer que tudo que tenho a fazer é devolver a capa no estado em que se encontra, ou que basta que eu comunique que ocorreu o furto e que foi, no máximo, uma questão de cortesia para mim solidarizar-me com o dono num lamento por sua perda, uma vez que ele nada poderia exigir com base em seu direito. Mas ninguém julgaria absurdo se, pedindo para usar alguma coisa, eu também pedisse de antemão ao seu proprietário que assumisse ele próprio o risco de qualquer acidente que pudesse acontecer a ela enquanto se encontrasse em meu poder, porque sou pobre e incapaz de indenizá-lo pela perda. Ninguém considerará isso supérfluo e ridículo, exceto, talvez, quando se sabe que o emprestador é um homem rico e conceituado, já que então significaria quase insultá-lo deixar de presumir que ele generosamente perdoaria meu débito nesse caso.

Agora, se (como a natureza de um contrato de empréstimo envolve) nada é nele estipulado a respeito de um possível acidente (*casus*) capaz de afetar a coisa, de modo que um acordo acerca disso é apenas presumível, um contrato de empréstimo é um contrato incerto (*pactum incertum*) relativamente ao que é meu e o que é teu segundo ele. Conseqüentemente, o julgamento a respeito disso, quer dizer, a decisão quanto a quem deve arcar com o acidente, não pode ser feito a partir das condições do próprio contrato; só pode ser decidido como seria decidido perante um tribunal, que sempre considera somente o que é certo no caso (que é aqui a posse da coisa como propriedade). Assim, o julgamento no estado de natureza, ou seja, em termos do caráter intrínseco da matéria, se desenvolverá assim: o dano resultante de acidente ocorrido a uma coisa emprestada recai sobre o tomador do empréstimo (*casum sentit commodatarius*). Mas na condição civil, e assim diante de uma corte, a sentença será: o dano recai sobre o emprestador (*casum sentit dominus*). Esta sentença será, com efeito, dada com base em diferentes fundamentos a partir exclusivamente do decreto da sã razão, uma vez que um juiz público não pode envolver-se em pressuposições quanto ao que uma parte ou outra pode ter pensado. Ele só pode considerar que quem quer que não anexou um contrato à parte, estipulando que está isento de quaisquer danos ocorridos à coisa emprestada, tem ele próprio que arcar com eles. Conseqüentemente, a diferença entre o julgamento que deve ser feito por um tribunal e aquele que cada um está justificado a fazer por si mesmo por meio de sua razão particular constitui um ponto que, de modo algum, é para passar desapercebido na retificação de julgamentos de direitos.

§ 39 : C) Da recuperação (*reintegração na posse*) de alguma coisa perdida (*vindicatio*)

Fica claro do que foi dito anteriormente que alguma coisa minha que continua a existir permanece minha ainda que eu não tenha dela a contínua ocupação; que ela por si não cessa de ser minha, independentemente de algum ato pelo qual renuncio ao meu direito a ela (*derelictionis vel alienationis*); e que tenho um direito a esta coisa (*ius reale*) e, portanto, um direito contra quem quer que tenha dela ocupação, e não meramente um direito relativamente a uma pessoa específica (*ius personale*). Mas a questão agora é se esse direito deve também ser considerarado por todos os demais como propriedade que continua por si mesma, se me limitei a não renunciar a ele quando a coisa se acha na posse de uma outra pessoa.

Supõe que alguém perdeu uma coisa (*res amissa*) e que uma outra pessoa a toma de boa fé (*bona fide*), como um suposto achado. Ou supõe que tomo uma coisa por ter sido esta formalmente alienada por alguém que a possui e que se apresenta como seu proprietário, embora não o seja. Visto que não posso adquirir uma coisa de alguém *que não é seu proprietáriio* (*a non domino*), a questão que surge é se sou excluído pelo real proprietário de qualquer direito a essa coisa e deixado apenas com um direito pessoal relativamente ao possuidor ilegítimo. O caso é obviamente o último, se a aquisição for julgada meramente de acordo com os fundamentos intrínsecos que a justificam (no estado de natureza) e não de acordo com aquilo que é apropriado a uma corte.

É preciso ser possível a toda e qualquer coisa ser alienável de maneira a ser adquirida por uma pessoa ou outra.

A legitimidade da aquisição, entretanto, se apóia inteiramente na forma de acordo com a qual aquilo que é possuído por outro é transferido a mim e aceito por mim, isto é, nas formalidades do ato de troca (*commutatio*) entre o possuidor da coisa e quem a adquire, pela qual um direito é estabelecido; posso não indagar como o possuidor obteve a sua posse, uma vez que isso já seria uma ofensa (*quilibet praesumitur bonus, donec, etc.*). Supõe agora que mais tarde se reverte a situação, apurando-se que o possuidor não era o proprietário, que era um outro indivíduo. Não posso, neste caso, dizer que o proprietário poderia tomar a coisa diretamente de mim (como poderia de qualquer outra pessoa que pudesse ter a ocupação dela), pois eu nada furtei dele, mas comprei, por exemplo, um cavalo cuja venda foi oferecida no mercado público em conformidade com a lei (*titulo emti venditi*). O título de aquisição de minha parte é indiscutível, uma vez que eu (como comprador) não estou obrigado ou mesmo autorizado a investigar o título de posse do outro (do vendedor) – investigação que procederia *ad infinitum* numa série ascendente. Se a compra é formalmente correta, transformo-me não simplesmente no proprietário putativo do cavalo, mas no seu verdadeiro proprietário.

Porém, contra isso o seguinte argumento com respeito aos direitos se apresenta. Qualquer aquisição de alguém que não é o proprietário de uma coisa (*a non domino*) é nula e sem efeito. Não posso extrair mais de um outro do que o que ele legitimamente tem. Embora ao comprar um cavalo furtado, à venda no mercado, eu esteja procedendo de maneira inteiramente correta no que tange à forma da aquisição (*modus acquirendi*), meu título de aquisição é ainda deficiente, já que o cavalo não pertencia ao indivíduo que realmente o vendeu. Talvez eu possa ser o seu possuidor em boa fé (*possessor bonae fidei*), mas permaneço ainda somente como seu proprietário putativo (*dominus putativus*), e o verdadeiro dono tem um direito de recuperá-lo (*rem suam vindicandi*).

Se se indaga o que deve ser formulado como direito *em si mesmo* (no estado de natureza) na aquisição de coisas externas de acordo com princípios de justiça nas permutas dos seres humanos entre si (*iustitia commutativa*), deve-se então responder como se segue. Se alguém pretende adquirir uma coisa externa dessa maneira, de fato lhe é necessário investigar se a coisa que deseja adquirir não pertence já a alguém mais, ou seja, mesmo que ele haja observado estritamente as condições formais de obtenção da coisa que pertence a outrem (comprou o cavalo no mercado da maneira correta), enquanto permanecer ignorante no que tange a se alguém mais (distinto do vendedor) é o verdadeiro dono do animal, o máximo que poderá ter adquirido será apenas um *direito contra uma pessoa* relativamente à coisa (*ius ad rem*), de sorte que se alguém se apresentar e for capaz de documentar sua propriedade anterior da coisa, nada se poderá dizer do suposto novo proprietário, exceto que fruiu legitimamente o uso da coisa até esse momento como seu possuidor em boa fé. Visto que é geralmente impossível descobrir quem foi absolutamente o primeiro (o proprietário original) na série de proprietários putativos que obtêm os seus direitos uns dos outros, nenhum comércio de coisas externas, não importando quão bem se possa concordar com as condições formais desse tipo de justiça (*iustitia commutativa*), pode garantir uma aquisição segura.

Aqui novamente a razão legisladora no que tange aos direitos se apresenta com um princípio de justiça distributiva, adotando como sua regra norteadora para a legitimidade da posse não o modo que ela seria julgada *em si mesma* pela vontade privada de cada um (no estado de natureza), mas o modo que ela seria julgada perante uma corte numa condição concretizada pela vontade unida de todos (numa condição civil). Numa condição civil, a conformidade com as condições formais de aquisição, as quais por si estabelecem somente um direito relativamente à pessoa, é postulada como uma substituta adequada para os fundamentos materiais (os quais estabelecem a derivação do que pertencia a um suposto proprietário anterior); e o que é *em si mesmo* um direito relativamente a uma pessoa, quando trazido diante de um tribunal, é válido como um direito a uma coisa. Um cavalo, por exemplo, que alguém coloca à venda num mercado público regulamentado por normas das autoridades, torna-se minha propriedade se todas as regras da compra e venda forem rigorosamente observadas (mas de uma tal maneira que o verdadeiro proprietário retém o direito de apresentar uma reclamação contra o vendedor com fundamento em sua posse anterior não perdida do animal); e o que seria, de outra maneira, meu direito relativamente a uma pessoa é convertido num direito a uma coisa, de acordo com o qual posso tomá-la (recuperá-la) como minha em qualquer lugar em que a encontre, sem precisar me envolver no como o vendedor a obteve.

Assim, é somente em favor da sentença de um tribunal (*in favorem iustitiae distributivae*) que um direito a uma coisa é assumido e tratado não *como é em si mesmo* (como direito relativamente a uma pessoa), mas como pode ser julgado mais pronta e certamente (como direito a uma coisa), e, ainda assim, de acordo com um princípio *a priori* puro. Neste princípio, várias leis estatutórias (decretos) são baseadas subseqüentemente, do que o principal propósito é estabelecer condições sob as quais exclusivamente um modo de adquirir terá força jurídica, condições tais que um juiz possa destinar a cada um o que *é seu com máxima presteza e mínima hesitação*. Por exemplo, na frase "A compra rompe o arrendamento" o que é um direito a uma coisa (o arrendamento) de acordo com a natureza do contrato, isto é, em si mesmo, vige como um mero direito contra uma pessoa; e, inversamente, como no caso discutido anteriormente, o que é em si mesmo apenas um direito contra uma pessoa vale como um direito a uma coisa. Em tais casos, a questão é com quais princípios um tribunal na condição civil deveria contar a fim de proceder com o máximo de certeza e segurança em suas sentenças envolvendo os direitos pertencentes a cada um.

§ 40 : D) Da aquisição de garantias por juramento (*cautio iuratoria*)

A única razão que se poderia dar, capaz de obrigar juridicamente homens a *crer* e reconhecer que existem deuses, é a seguinte: que possam prestar juramento e ser compelidos a serem verdadeiros no que dizem e fiéis no cumprimento de suas promessas por seu temor de um poder supremo que tudo vê, cuja vingança atrairiam solenemente sobre si mesmos no caso de suas declarações serem falsas. Que na solicitação de juramentos não se conta com a moralidade nesses dois aspectos, mas somente com a superstição cega, é algo que fica claro a partir disto: que não se espera qualquer garantia *meramente* de suas solenes declarações diante de um tribunal em questões de direitos, mesmo que todos claramente percebam ser verdadeiro o dever num caso que tem a ver com o que é o mais sagrado de tudo entre os seres humanos (o direito dos seres humanos). Assim, meros contos de fadas constituem estímulo para se tomar juramentos, como, por exemplo, conforme o testemunho de Marsden, os *rejangs*, um povo pagão de Sumatra, juram pelos ossos de seus ancestrais mortos, ainda que não acreditem que haja uma vida após a morte; ou como os negros da Guiné juram por seu fetiche, tal como a pena de uma ave, invocando o risco desta quebrar-lhes o pescoço, etc. Crêem que um poder invisível, detentor ou não de entendimento, por sua natureza já possui esse poder mágico que atuará graças às suas invocações. Este tipo de crença é chamado de religião, mas deveria, a rigor, ser chamado de superstição. É, entretanto, indispensável à administração da justiça, uma vez que, sem se contar com ela, uma *corte* não estaria suficientemente em posição de apurar fatos mantidos em segredo e pronunciar a sentença correta. Uma lei que obrigue um povo a prestar juramentos é, portanto, obviamente formulada somente a favor da autoridade judicial.

Mas então a questão que se coloca é a seguinte: em que se baseia a obrigação que se supõe ter alguém perante um tribunal de aceitar o juramento de outrem como prova, válida para o direito, da verdade de seu testemunho e como expediente para encerrar toda disputa? Quer dizer: o que me obriga juridicamente a crer que outrem (aquele que faz um juramento) tem qualquer religião, de maneira a tornar meus direitos dependentes de seu juramento? E igualmente, posso ser obrigado a jurar? Ambas estas coisas são injustas em si mesmas.

Todavia, no que toca a um tribunal, e assim na condição civil, se se admite que não há outro meio para atingir a verdade em certos casos, a não ser o juramento, é forçoso assumir que todos possuem uma religião, de modo que possa ser utilizada como um expediente (*in casu necessitatis*) visando aos procedimentos judiciais ante uma corte, que a fim de descobrir segredos julga poder recorrer a essa coerção espiritual (*tortura spiritualis*) como um pronto recurso e, ele mesmo, inteiramente conforme à propensão humana à superstição. Entretanto, o poder legislativo atua de uma maneira que é fundamentalmente errada ao conferir autorização para realizar tal coisa ao poder judicial, uma vez que mesmo na condição civil a coação à prestação de juramentos contraria a liberdade humana, que não deve ser perdida.

Um juramento para posse de cargo é geralmente *promissório*, um juramento, nomeadamente, no qual o funcionário público tem a séria resolução de cumprir as funções de seu cargo em conformidade com seus deveres. Se fosse convertido num juramento *assertório*, se, quer dizer, o funcionário público foi obrigado, digamos, ao cabo de um ano (ou mais), a jurar que desempenhou fielmente o seu cargo durante esse período, isso despertaria mais sua consciência do que um juramento que ele faz na qualidade de uma promessa; pois tendo prestado um juramento promissório, ele sempre pode apresentar a desculpa a si mesmo posteriormente de que, com as melhores intenções, não previu as dificuldades que experimentou somente mais tarde, durante a administração de seu cargo. Ademais, ele se preocuparia mais com a acusação de cometer falhas em suas atribuições se um observador se pusesse a examinar a soma de seus atos ofensivos, do que se fossem meramente censurados um após o outro (os anteriores sendo esquecidos). Mas um tribunal pode certamente não exigir o juramento por uma crença (*de credulitate*), pois, em primeiro lugar, ele envolve uma contradição; esta coisa intermediária entre a opinião e o conhecimento é o tipo de coisa em que se pode ousar apostar, mas certamente pela qual não se deve jurar. Em segundo lugar, um juiz que exige o juramento com base numa crença de uma parte, a fim de descobrir algo relevante por ele colimado, mesmo que este objetivo seja o bem comum, perpetra uma grave ofensa contra a retidão da pessoa que presta o juramento, parcialmente pela irreflexão à qual o juramento enganosamente o conduz e pela qual o juiz aniquila seu próprio propósito, parcialmente pelas agonias de consciência que um homem tem que experimentar quando é capaz de julgar uma certa matéria hoje muito verossímil, considerada de um certo prisma, porém completamente inverossímil amanhã, ao considerá-la sob um diferente ponto de vista. O juiz, portanto, lesa aquele que constrange a prestar um tal juramento.

§ 41 – Transição do que é meu ou teu em um estado de natureza ao que é meu ou teu em uma condição jurídica em geral

Uma *condição jurídica* é aquela relação dos seres humanos entre si que encerra as condições nas quais, exclusivamente, todos são capazes de fruir seus direitos. E a condição formal sob a qual isso é possível, conforme a idéia de uma vontade que legisla para todos, é chamada de *justiça pública*. Com referência ou à possibilidade, ou à realidade ou à necessidade da posse de objetos (a questão da escolha) de acordo com as leis, a justiça pública pode ser dividida em justiça protetiva (*iustitia tutatrix*), justiça comutativa (*iustitia commutativa*) e justiça distributiva (*iustitia distributiva*). Nestas, diz a lei, *em primeiro lugar*, meramente qual conduta está correta do ponto de vista de sua forma (*lex iusti*); *em segundo lugar*, quais objetos estão habilitados a serem cobertos externamente pela lei, do ponto de vista de sua matéria, isto é, qual maneira de estar de posse é jurídica (*lex iuridica*); *em terceiro lugar*, qual é a decisão de um tribunal num caso particular de acordo com a lei estabelecida na qual ele se enquadra, isto é, o que é formulado como direito (*lex iustitiae*). Em função disso, o tribunal é ele mesmo qualificado como a justiça de um país, e o fato de tal coisa existir ou não constitui a mais importante questão passível de ser feita em torno de quaisquer arranjos concernentes aos direitos.

Uma condição que não é jurídica, isto é, uma condição que não encerra justiça distributiva, é chamada de estado de natureza (*status naturalis*). Aquilo que se opõe a um estado de natureza não é (como pensa Achenwall) uma condição *social* e que poderia ser classificada como uma condição artificial (*status artificialis*), mas sim a condição *civil* (*status civilis*), aquela de uma sociedade sujeita à justiça distributiva. Isto porque também no estado de natureza pode haver sociedades compatíveis com direitos (por exemplo, as sociedades conjugal, paternal, domésticas em geral, bem como muitas outras); porém, nenhuma lei, "Deves ingressar nesta condição" vige *a priori* para essas sociedades, ao passo que se pode dizer de uma condição jurídica que todos os seres humanos que pudessem (mesmo involuntariamente) encetar relações jurídicas entre si *devem* ingressar nessa condição.

A primeira e a segunda dessas condições podem ser chamadas de *condição de direito privado*, enquanto a terceira e a última podem ser chamadas de *condição de direito público*. Esta não encerra deveres complementares ou outros deveres recíprocos humanos, além dos que podem ser concebidos no primeiro estado; a questão do direito privado é idêntica em ambas. As leis da condição de direito público, conseqüentemente, têm a ver somente com a forma jurídica de sua associação (constituição) em vista da qual essas leis têm necessariamente que ser concebidas como públicas.

A associação civil (*unio civilis*) não pode ser classificada ela mesma como uma *sociedade*, pois entre o soberano[78] (*imperans*) e o súdito (*subditus*) não há parceria.[79] Eles não são associados: um está subordinado ao outro e não em coordenação com ele, e aqueles que se coordenam entre si devem, por isso mesmo, se considerar iguais, uma vez que estão sujeitos a leis comuns. A associação civil *não é* bem uma sociedade, mas constitui uma.

§ 42

Do direito privado no estado de natureza procede o postulado do direito público: quando não podes te furtar a viver lado a lado com todos os outros, deves abandonar o estado de natureza e ingressar com eles num estado jurídico, isto é, uma condição de justiça distributiva. O fundamento deste postulado pode ser desenvolvido analiticamente a partir do conceito de direito nas relações externas, no confronto com a violência (*violentia*).

Ninguém é obrigado a abster-se de violar a posse alheia se o outro não lhe proporcionar igual certeza de que observará a mesma abstenção em relação a ele. Ninguém, portanto, precisa aguardar até descobrir por amarga experiência a disposição contrária alheia, pois o que deveria forçá-lo a esperar até que sofresse uma perda, antes de se tornar prudente, quando pode tão bem perceber dentro de si próprio a inclinação geral dos seres humanos de dominarem os outros na qualidade de seus senhores (não visando a respeitar a superioridade dos direitos dos outros quando se sentem superiores a estes em força ou astúcia)? E não é ne-

---

78. ...*Befehlshaber*..., literalmente chefe, comandante. Kant não especifica aqui o conceito: ver nota abaixo. (n.t.)

79. Nos §§ 47, 48 e 49, logo na seqüência (Parte II), Kant tratará com especificidade das relações políticas, inclusive daquelas entre os poderes legislativo, executivo e judiciário. Atentar também de maneira especialíssima para o importantíssimo § 45. (n.t.)

cessário esperar por hostilidade real; está-se autorizado a usar a coerção contra alguém que, por sua natureza, já o ameaça com coerção (*Quilibet praesumitur malus, donec securitatem dederit opposit*).[80]

Dada a intenção de estar e permanecer nesse estado de liberdade externamente anárquica, os seres humanos não causam, de modo algum, injustiça mútua quando se hostilizam, uma vez que o que é válido para um é válido também, por seu turno, para o outro, como se por mútuo consentimento (*uti partes de iure suo disponunt, ita ius est*).[81] Mas em geral causam injustiça no mais elevado grau,[82] desejando ser e permanecer numa condição que não é jurídica, isto é, na qual ninguém está assegurado do que é seu contra a violência.

---

80. Supõe-se mau aquele que ameaça a segurança de seu opositor. (n.t.)
81. A parte que desloca o direito alheio tem, ela própria, o mesmo direito. (n.t.)
82. Esta distinção entre o que é meramente injusto, do ponto de vista formal, e o que é também materialmente injusto apresenta muitas aplicações na doutrina do direito. Um inimigo que, em lugar de honrosamente realizar o seu acordo de rendição com a guarnição de uma fortaleza sitiada, a maltrata quando esta se retira, ou que, de outra forma, viola o acordo, não tem o direito de queixar-se de ser injustiçado se seu oponente agir identicamente com ele quando se achar em situação de fazê-lo. Mas, em geral, fazem injustiças no mais alto grau porque eliminam qualquer validade do próprio conceito de direito e tudo conduzem à violência selvagem que aparenta legalidade e, assim, subvertem o direito dos seres humanos enquanto tais.

PARTE II
DIREITO PÚBLICO

Seção I
DIREITO DO ESTADO

§ 43

O conjunto das leis que necessitam ser promulgadas, em geral a fim de criar uma condição jurídica, é o *direito público*. O direito público é, portanto, um sistema de leis para um povo, isto é, uma multidão de seres humanos, ou para uma multidão de povos que, porque se afetam entre si, precisam de uma condição jurídica sob uma vontade que os una, uma constituição (*constitutio*), de sorte que possam fruir o que é formulado como direito. Essa condição dos indivíduos no seio de um povo na sua relação recíproca é chamada de *condição civil* (*status civilis*), e o conjunto dos indivíduos numa condição jurídica, em relação aos seus próprios membros, é chamado de *Estado* (*civitas*). Devido à sua forma, pela qual todos estão unidos através de seu interesse comum de estar numa condição jurídica, chama-se o Estado de *a coisa pública* (*res publica latius sic dicta*).[83] Porém, relativamente a outros povos chama-se o Estado simplesmente de potência (*potentia*) (daí a palavra *potentado*). Pelo fato de (supor-se) ser a associação dos membros herdada, chama-se também o Estado de nação (*gens*). Por conseguinte, pelo conceito geral de direito

---

83. ...*das gemeine Wesen*... em alemão. O latim traduz-se como *república em lato sentido*. (n.t.)

público somos levados a pensar não só no direito de um Estado, como também num direito das gentes (*ius gentium*). Visto que a superfície da Terra não é ilimitada, mas circunscrita, os conceitos de direito do Estado e de direito das gentes conduzem inevitavelmente à idéia do direito de todas as gentes (*ius gentium*) ou direito cosmopolita (*ius cosmopoliticum*). Assim, se o princípio de liberdade externa limitada pela lei não estiver presente em qualquer uma dessas três formas possíveis de condição jurídica, a estrutura de todas as outras será inevitavelmente solapada e terá, finalmente, que desmoronar.

§ 44

Não é a partir da experiência que aprendemos sobre a máxima de violência dos seres humanos e de sua malevolente tendência para se atacarem mutuamente antes de aparecer a legislação externa dotada de poder. Não é, portanto, um fato que torna necessária a coerção através da lei pública. Pelo contrário, por melhor predispostos e acatadores da lei que pudessem ser os homens, ainda assim está assentado *a priori* na idéia racional de uma tal condição (aquela que não é jurídica) que antes de uma condição legal pública ser estabelecida, indivíduos humanos, povos e Estados jamais podem estar seguros contra a violência recíproca, uma vez que cada um detém seu próprio direito de fazer o que parece certo e bom para si e não depender da opinião alheia a respeito disso. Assim, a menos que queira renunciar a quaisquer conceitos de direito, a primeira coisa que tem a resolver é estabelecer o princípio segundo o qual é preciso abandonar o estado de natureza, no qual cada um segue seu próprio critério, unir-se com todos os outros (com os quais a interação é inevitável), submeter-se a uma coação legal externa pública e, assim, ingressar numa condição na qual o que tem que ser reconhecido como a ela pertinente é determinado pela lei e lhe é atribuído pelo poder adequado (não o que lhe é próprio, mas sim um poder externo); em síntese: deve-se, acima de tudo o mais, ingressar numa condição civil.

É verdade que o estado de natureza não necessita, simplesmente por ser natural, de ser um estado de *injustiça* (*iniustus*), de tratar-se mutuamente apenas em termos do grau de força que cada um tem. Mas ainda persistiria sendo um estado *destituído de justiça* (*status iustitia vacuus*), no qual, quando os direitos estão em disputa (*ius controversum*), não haveria juiz competente para proferir uma sentença detentora de força jurídica. Daí, cada um poderia compelir o outro, mediante força, a deixar esse estado e ingressar numa condição jurídica, pois embora cada

INTRODUÇÃO AO ESTUDO DO DIREITO • DOUTRINA DO DIREITO 125
A DOUTRINA UNIVERSAL DO DIREITO – DIREITO PÚBLICO EDIPRO

um possa adquirir algo externo assumindo o seu controle ou por meio de contrato de acordo com seus conceitos do direito, essa aquisição permanecerá apenas *provisória* enquanto não encerrar a sanção da lei pública, uma vez que não é determinada pela justiça (distributiva) pública e assegurada por uma autoridade que torne efetivo esse direito.

Na hipótese de nenhuma aquisição ter sido reconhecida como jurídica, mesmo em caráter provisório, antes do ingresso na condição civil, a condição civil ela mesma seria impossível, pois no que toca à sua forma, leis que concernem ao que é meu ou teu no estado de natureza contêm a mesma coisa que prescrevem na condição civil, porquanto a condição civil é pensada somente por conceitos racionais puros. A única diferença é que a condição civil proporciona as condições sob as quais essas leis são aplicadas (em consonância com a justiça distributiva). Assim, se os objetos externos não fossem sequer provisoriamente meus ou teus no estado de natureza, não haveria também quaisquer deveres de direito com relação a eles e, portanto, nenhum comando para abandonar o estado de natureza.

§ 45

Um Estado (*civitas*) é a união de uma multidão de seres humanos submetida a leis de direito. Na medida em que estas são necessárias *a priori* como leis, isto é, na medida em que procedem espontaneamente de conceitos de direito externo em geral (não são estatutórias), a forma do Estado é aquela de um Estado em geral, ou seja, do *Estado em idéia*, como deve ser de acordo com puros princípios de direito. Essa idéia serve como uma norma (*norma*) para qualquer associação real numa *república* (e, por conseguinte, serve como uma norma para sua constituição interna).

Todo Estado encerra três *poderes*[84] dentro de si, isto é, a vontade unida geral consiste de três pessoas (*trias politica*): o poder soberano (soberania) na pessoa do legislador; o poder executivo na pessoa do governante (em consonância com a lei) e o poder judiciário (para outorgar a cada um o que é seu de acordo com a lei) na pessoa do juiz (*potestas legislatoria, rectoria et iudiciaria*).[85] Estes são como as três proposições

---

84. ...*Gewalten*... (n.t.)
85. A fundamental teoria dos *três poderes* formulada na Idade Moderna primeiramente por Montesquieu em *Do Espírito das Leis* (obra presente em *Clássicos Edipro*). (n.t.)

num silogismo prático: a premissa maior, que contém a *lei* daquela vontade; a premissa menor, que contém o *comando* para se conduzir de acordo com a lei, ou seja, o princípio de subordinação à lei, e a conclusão, que contém o veredito (sentença), o que é formulado como direito no caso em pauta.

§ 46

O poder legislativo pode pertencer somente à vontade unida do povo, pois uma vez que todo o direito deve dele proceder, a ninguém é capaz de causar injustiça mediante sua lei. Ora, quando alguém realiza disposições tocantes a *outra pessoa*, é sempre possível que cause injustiça a esta; entretanto, jamais é capaz de produzir injustiça em suas decisões concernentes a si mesmo (pois *volenti non fit iniuria*).[86] Portanto, somente a vontade concorrente e unida de todos, na medida em que cada um decide o mesmo para todos e todos para cada um, e assim somente a vontade geral unida do povo pode legislar.

Os membros dessa sociedade, que se acham unidos para legislar (*societas civilis*), ou seja, os membros de um Estado, são chamados de cidadãos (*cives*). Do ponto de vista dos direitos, os atributos de um cidadão, inseparáveis de sua essência (como cidadão), são: *liberdade legal*, o atributo de obedecer unicamente a lei à qual deu seu assentimento, *igualdade civil*, o atributo que lhe permite não reconhecer entre os membros do povo ninguém que lhe seja superior dotado da faculdade moral de obrigá-lo juridicamente de um modo que o impossibilite, por sua vez, de obrigar o outro e, em terceiro lugar, o atributo da *independência civil*, graças ao qual deve sua existência e preservação aos seus próprios direitos e poderes como membro da coisa pública (república) e não ao arbítrio de um outro indivíduo componente do povo. De sua independência segue-se sua personalidade civil, o seu atributo de prescindir de ser representado por outro, quando se trata de direitos.

A única qualificação para ser cidadão é estar apto a votar. Mas estar apto a votar pressupõe a independência de alguém que, integrante do povo, deseja ser não apenas uma parte da coisa pública, mas também um membro desta, isto é, uma parte da coisa pública que atua a partir de sua própria escolha em comum com os demais. Esta qualidade da

---

86. Nenhuma injustiça é feita àquele que consente. (n.t.)

independência, contudo, requer uma distinção entre cidadãos *ativos* e *passivos*, embora o conceito de cidadão passivo pareça contradizer o conceito de cidadão em geral. Os exemplos que se seguem servirão para afastar essa dificuldade: um aprendiz no serviço de um mercador ou artesão, um criado doméstico (distinto de alguém a serviço do Estado), um menor (*naturaliter vel civiliter*), todas as mulheres e, em geral, qualquer um cuja preservação existencial (sustento e proteção) depende não da administração de seus próprios negócios, mas das providências de outrem (exceto o Estado). A todas estas pessoas falta personalidade civil, e suas existências são, por assim dizer, tão-só inerências. O lenhador que contrato para trabalhar no meu quintal, o ferreiro na Índia que vai às casas das pessoas para trabalhar o ferro com seu martelo, bigorna e fole, comparado ao carpinteiro ou ferreiro europeu que é capaz de expor os produtos de seu trabalho como mercadorias para venda ao público, o professor particular comparado ao mestre da escola, o fazendeiro tributário comparado ao arrendatário e assim por diante; estes são meros serventes da coisa pública porque têm que estar sob a direção ou amparo de outros indivíduos e, assim, não dispõem de independência civil.

Esta dependência da vontade de outros e esta desigualdade não se opõem, de modo algum, à sua liberdade e igualdade na qualidade de *seres humanos* que, juntos, constituem um povo; pelo contrário, é somente em conformidade com as condições de liberdade e igualdade que esse povo pode se transformar num Estado e participar de uma constituição civil. Mas nem todas as pessoas se qualificam com igual direito de voto no seio dessa constituição, quer dizer, para serem cidadãos e não meros associados do Estado, pois do fato de estarem capacitadas a exigir que todos os outros as tratem de acordo com as leis da liberdade natural e da igualdade como partes passivas do Estado, não se segue que também tenham o direito de administrar o Estado ele próprio como seus membros ativos, o direito de organizá-lo ou cooperar para a introdução de certas leis. Segue-se apenas que seja qual for o tipo de leis positivas nas quais os cidadãos possam votar, é necessário, não obstante, que estas leis não sejam contrárias às leis naturais da liberdade e da igualdade de todos no seio do povo correspondente a essa liberdade, a saber, qualquer um pode ascender dessa condição passiva a uma ativa.

§ 47

Todos esses três poderes no Estado são dignidades e visto que surgem necessariamente da idéia de um Estado em geral, como essenciais ao estabelecimento (constituição) dele, são dignidades políticas. Compreendem a relação de um *superior* sobre todos (que, do ponto de vista das leis da liberdade, não pode ser outro senão o próprio povo unido) com a multidão desse povo individualmente como *súditos*, isto é, a relação de um comandante (*imperans*) com aqueles que obedecem (*subditus*). O ato pelo qual um povo se constitui num Estado é o *contrato original*. A se expressar rigorosamente, o contrato original é somente a idéia desse ato, com referência ao qual exclusivamente podemos pensar na legitimidade de um Estado. De acordo com o contrato original, todos (*omnes et singuli*) no seio de um povo renunciam à sua liberdade externa para reassumi-la imediatamente como membros de uma coisa pública, ou seja, de um povo considerado como um Estado (*universi*). E não se pode dizer: o ser humano num Estado sacrificou uma *parte* de sua liberdade externa inata a favor de um fim, mas, ao contrário, que ele renunciou inteiramente à sua liberdade selvagem e sem lei para se ver com sua liberdade toda não reduzida numa dependência às leis, ou seja, numa condição jurídica, uma vez que essa dependência surge de sua própria vontade legisladora.

§ 48

Em conformidade com isso, os três poderes no Estado, em primeiro lugar, se coordenam (*potestates coordinatae*) entre si como uma multiplicidade de pessoas morais, ou seja, cada uma complementa as outras para completar a constituição do Estado (*complementum ad sufficientiam*); todavia, em segundo lugar, também se subordinam (*subordinatae*) entre si, de maneira que um deles, ao assistir a um outro, fica impossibilitado também de usurpar sua função; em lugar disso, cada um possui seu próprio princípio, isto é, realmente comanda na sua qualidade de pessoa particular, porém ainda sob a condição da vontade de um superior; em terceiro lugar, através da associação de ambas[87] cada súdito recebe sua porção de direitos.

Poder-se-ia dizer desses poderes, considerados em sua dignidade, que a vontade do legislador (*legislatoris*) relativamente ao que é externamente meu ou teu é à prova de censura (irrepreensível); que o poder executivo do chefe supremo (*summi rectoris*) é irresistível e que a sentença do sumo juiz (*supremi iudicis*) é irreversível (inapelável).

---

87. Quais sejam, a coordenação e a subordinação. (n.t.)

§ 49

O governante do Estado (*rex, princeps*) é a pessoa (moral ou natural) à qual pertence o poder executivo (*potestas executoria*). Ele é o *agente* do Estado, que designa os magistrados e prescreve ao povo regras de acordo com as quais cada um pode adquirir alguma coisa ou preservar o que é seu em conformidade com a lei (mediante aplicação a um caso particular submetido a tal lei). Considerado como pessoa moral, ele é chamado de *diretório*, o governo. Suas diretivas ao povo e aos magistrados e seu superior (o ministro), aos quais encarrega da administração do Estado (*gubernatio*), são ordenações ou *decretos* (*não* leis), já que direcionadas a decisões em casos particulares e apresentadas como sujeitas à mudança. Um *governo* que também legislasse teria que ser classificado como *despótico* em oposição a um governo *patriótico*. Mas por governo patriótico não se entende um governo paternalista (*regimen paternale*), o qual é o mais despótico de todos (posto que trata os cidadãos como crianças), mas *aquele governo que serve à pátria* (*regimen civitatis et patriae*). Nele o Estado (*civitas*) realmente trata seus súditos como membros de uma família, mas também os trata como cidadãos do Estado, isto é, de acordo com leis da própria independência deles: cada um está de posse de si mesmo e independe da vontade absoluta de um outro ao seu lado ou acima de si.

Assim, o soberano[88] (o legislador) do povo não pode ser também seu *governante*, uma vez que o governante está sujeito à lei e, assim, é submetido à obrigação através da lei por *um outro*, a saber, o soberano.[89] O soberano pode também retirar do governante a sua autoridade, depô-lo ou reformar sua administração. Mas não pode puni-lo (e as palavras correntes na Inglaterra de que o rei, isto é, a autoridade executiva suprema, não pode causar mal algum, são prova precisamente disso); a punição é um ato do poder executivo, o qual detém a suprema faculdade de exercer coerção em conformidade com a lei, e seria contraditório estar ele sujeito à coerção.

Finalmente, nem o chefe do Estado nem seu governante podem *julgar*, mas somente designar juízes como magistrados. Um povo julga a si mesmo através daqueles entre seus concidadãos por ele designados como seus representantes para isso por uma livre escolha e, com efeito, um

---

88.   ...*Der Beherrscher*... (n.t.)

89.   ...*dem Souverän*,... (n.t.)

povo designa especialmente para cada ato. Pois um veredito (uma sentença) é um ato individual de justiça pública (*iustitiae distributivae*) realizado por um administrador do Estado (um juiz ou tribunal) sobre um súdito, isto é, sobre alguém pertencente ao povo; e, assim, esse ato não está investido de autoridade para destinar (atribuir) a um súdito o que é seu. Visto que cada indivíduo no seio de um povo é apenas passivo nessa relação (com a autoridade),[90] se o poder legislativo ou o executivo tivessem que decidir num caso controverso o que pertence a ele, lhe causaria uma injustiça, uma vez que não seria o próprio povo a fazê-lo e pronunciando um veredito de *culpado* ou *inocente* relativamente a um concidadão. Mas uma vez estabelecidos os fatos num processo, o tribunal tem poder judiciário para aplicar a lei e entregar a cada um o que é seu com a ajuda do poder executivo. Daí somente o povo pode julgar um de seus membros, ainda que apenas indiretamente, por meio de representantes (o júri) delegados por ele. Seria também inferior à dignidade do chefe do Estado desempenhar o papel de juiz, ou seja, colocar-se numa posição na qual poderia cometer injustiça e, assim, fazer de sua decisão objeto de apelação (*a rege male informato ad regem melius informandum*).[91]

Há assim três poderes distintos (*potestas legislatoria, executoria, iudiciaria*) pelos quais um Estado (*civitas*) tem sua autonomia, isto é, pelos quais configura e preserva a si mesmo de acordo com leis de liberdade. A felicidade[92] de um Estado consiste na sua união (*salus reipublicae suprema lex est*).[93] Pela felicidade do Estado não se deve entender o bem-estar de seus cidadãos e a felicidade destes, pois a felicidade talvez os atinja mais facilmente e, como o apreciariam, num estado de natureza (como assevera Rousseau)[94] ou mesmo num governo despótico. Por felicidade do Estado entende-se, em lugar disso, a condição na qual sua constituição se conforma o mais plenamente aos princípios do direito; é por esta condição que a razão, *mediante um imperativo categórico*, nos obriga a lutar.

---

90. ...*zur Obrigkeit*... (n.t.)
91. De um rei mal instruído a um rei a ser melhor instruído. (n.t.)
92. ...*das Heil*..., a salvação. (n.t.)
93. A saúde (bem-estar) da república é a lei suprema. (n.t.)
94. Jean-Jacques Rousseau (1712 – 1778), pensador iluminista e contratualista francês, autor de *Do Contrato Social* (obra constante em *Clássicos Edipro*). (n.t.)

OBSERVAÇÃO GERAL

Dos efeitos jurídicos
que se seguem da natureza da associação civil

A

Não cabe a um povo perscrutar, tendo qualquer propósito prático em vista, sobre a origem da autoridade suprema à qual está submetido, isto é, o súdito não deve raciocinar, em termos práticos, a respeito da origem dessa autoridade, como um direito ainda passível de ser questionado (*ius controversum*) no tocante à obediência que a ele deve, isto porque posto que um povo deve ser considerado como já unido sob uma vontade legislativa geral, a fim de julgar mediante força jurídica acerca da suprema autoridade (*summum imperium*) do Estado, não pode nem deve julgar diferentemente da forma que o presente chefe do Estado (*summus imperans*) deseja que o faça. Quer um Estado comece com um efetivo contrato de submissão (*pactum subiectionis civilis*) como um fato, quer o poder tenha chegado primeiro e a lei somente depois, ou mesmo se devessem ter se sucedido nesta ordem – a um povo já submetido à lei civil esses raciocínios sutis são completamente despropositados e, ademais, ameaçam perigosamente o Estado. Se um súdito, após ter ponderado sobre a origem última da autoridade então soberana, quisesse se opor a esta autoridade, seria punido, exterminado ou expulso (como um fora da lei, *exlex*) de acordo com as leis dessa autoridade, ou seja, com todos os direitos. Uma lei que é tão sagrada (inviolável) que já constitui um crime o mero fato de pô-la em dúvida de modo prático e, assim, suspender momentaneamente seu efeito, é considerada como se houvesse forçosamente se originado não de seres humanos, mas de algum legislador excelso isento de falhas; e é isto que significam as palavras: "Toda autoridade procede de Deus".[95] Estas palavras não constituem uma asserção sobre o fundamento histórico da constituição civil; ao contrário, estabelecem uma idéia na qualidade de um princípio de razão prática: o princípio segundo o qual o poder legislativo presentemente existente *deve* ser obedecido, seja qual for a sua origem.

---

95. Esta concepção, elevada à dignidade de axioma, ou mesmo dogma, sustentou as monarquias (inclusive européias) durante muitos séculos, ocioso dizer incluídas aqui as monarquias absolutistas, despóticas e as tiranias. (n.t.)

Ora, desse princípio se deduz a seguinte proposição: o soberano tem apenas direitos relativamente aos seus súditos e nenhum dever (que possa ser forçado a cumprir). Ademais, mesmo que o órgão do soberano, o *governante*, proceder contra a lei, por exemplo, se opor-se à lei da igualdade na distribuição dos ônus do Estado em matéria de tributos, recrutamento, etc., os súditos poderão, realmente, fazer oposição a essa injustiça mediante queixas (*gravamina*), mas não por meio de resistência.

Realmente, mesmo a constituição não pode conter nenhum artigo que possibilitasse a existência de algum poder no Estado para resistir ao comandante supremo[96] no caso de haver por parte dele a violação da lei da constituição, de modo a restringi-lo. Pois alguém a quem cabe limitar a autoridade num Estado precisa ter ainda mais poder do que quem é por ele limitado, ou, ao menos, tanto poder quanto ele; e, como um senhor legítimo[97] que dirige os súditos à resistência, precisa também ser capaz de protegê-los e prover julgamentos que detenham força jurídica em quaisquer casos que surjam, devendo, por conseguinte, ser capaz de comandar publicamente a resistência. Neste caso, entretanto, o comandante supremo num Estado não é o comandante supremo; ao contrário, é aquele que é capaz de lhe oferecer resistência, o que é contraditório. Nesta situação, o soberano se conduz, através de seu ministro, também como o governante e, assim, como um déspota; e a ilusão que nos permite pensar no povo, através de seus deveres, como o poder limitador (embora detenha, a rigor, somente poder legislativo), não pode ocultar o despotismo, de sorte que não vem à luz devido às medidas tomadas pelo ministro. O povo, sendo representado por seus deputados (no Parlamento), tem nesses guardiões de sua liberdade e direitos homens que têm um vivo interesse em posições para si mesmos e suas famílias, no exército, na marinha e nos cargos públicos, que dependem do ministro e que estão sempre prontos a desempenhar um papel nas mãos do governo (em lugar de se opor aos seus abusos; ademais, uma declaração pública de resistência requer a unanimidade de um povo que tenha sido preparado antecipadamente, o que não pode ser permitido em tempos de paz). Conseqüentemente, a chamada constituição moderada, na qualidade de uma constituição para os direitos internos de um Estado, é um absurdo. Em lugar de pertencer ao direito, trata-se apenas de um princípio de prudência, não tanto para dificultar a um poderoso transgressor dos direitos do povo o exercício à vontade de sua influência sobre o

---

96. ...*obersten Befehlshaber*... (n.t.)
97. ...*rechtmässiger (rechtmäßiger) Gebieter*... (n.t.)

INTRODUÇÃO AO ESTUDO DO DIREITO • DOUTRINA DO DIREITO **133**
A DOUTRINA UNIVERSAL DO DIREITO – DIREITO PÚBLICO EDIPRO

governo, como para disfarçar sua influência sob a ilusão de uma oposição permitida ao povo.

Portanto, um povo não pode oferecer qualquer resistência ao poder legislativo soberano do Estado que fosse compatível com o direito, uma vez que uma condição jurídica somente é possível pela submissão à sua vontade legislativa geral. Inexiste, por conseguinte, direito de sedição (*seditio*), e menos ainda de rebelião (*rebellio*), e menos do que tudo o mais existe um direito contra o chefe do Estado como pessoa individual (o monarca), *de atacar sua pessoa ou mesmo sua vida* (*monarchomachismus sub specie tyrannicidii*), sob o pretexto de que abusou de sua autoridade (*tyrannis*). Qualquer tentativa neste sentido é *alta traição* (*proditio eminens*) e quem quer que cometa tal traição tem que ser punido com nada mais do que a morte, por haver tentado *destruir sua pátria* (*parricida*). A razão do dever que tem um povo de tolerar até o que é tido como um abuso insuportável da autoridade suprema é sua resistência à legislação maior nunca poder ser considerada algo distinto daquilo que contraria a lei e, com efeito, como algo que suprime toda a constituição legal. Para que um povo estivesse autorizado a oferecer resistência, seria necessário haver uma lei pública que lhe facultasse resistir, isto é, a legislação maior teria que encerrar uma disposição de que não é soberana, e que torna o povo, na qualidade de súdito, por um e o mesmo critério, soberano sobre aquele ao qual está submetido. Isso é contraditório e a contradição se evidencia tão logo se pergunta a quem cabe ser o juiz nessa disputa entre o povo e o soberano (posto que, examinando-o do prisma dos direitos, estes são sempre duas pessoas morais distintas). Fica então aparente que o povo quer ser o juiz em seu próprio processo.[98]

---

98. É possível se pensar ainda o *destronamento* de um monarca como se este houvesse *voluntariamente* deposto a coroa e abdicado de sua autoridade, devolvendo-a ao povo, ou como se, sem qualquer ataque à pessoa soberana, tivesse renunciado à sua autoridade e fosse reduzido à posição de uma pessoa privada. Em função disso, o povo que arrebatou tal coisa dele tem, ao menos, o pretexto de um *direito de necessidade* (*casus necessitatis*) a favor de seu crime. Mas nunca tem o mais ínfimo direito de puni-lo, o chefe do Estado, devido à sua prévia administração, uma vez que tudo que ele realizou, em sua qualidade de chefe de Estado, tem que ser considerado como tendo sido realizado externamente conforme aos direitos, ele próprio como fonte da lei, não podendo fazer nenhuma injustiça. De todas as atrocidades encerradas na derrubada de um Estado por meio de rebelião, o *assassinato* do monarca não constitui ele mesmo o pior, pois ainda nos é possível pensar no povo o fazendo por medo de, permanecendo vivo o monarca, este pudesse comandar suas forças contra ele e infligir-lhe o castigo que merece, de modo que matá-lo não seria uma promulgação de justiça punitiva, mas meramente um ditame de auto-preservação. É a *execução* formal de um monarca que infunde horror numa alma imbuída da idéia dos direitos dos seres

Qualquer transgressão da lei pode e deve ser explicada somente como oriunda de uma máxima do criminoso (para tornar tal crime sua regra), pois se pretendêssemos fazê-la provir de um impulso sensível, ele não a estaria cometendo como um ser *livre* e ela não poderia a ele ser imputada. Mas como é possível ao súdito formar uma tal máxima contrária à clara proibição da razão legisladora absolutamente não pode ser explicado, uma vez que somente o que acontece de acordo com o mecanismo da natureza é passível de ser explicado. Ora, o criminoso pode cometer sua má ação ou com fundamento numa máxima que tenha assumido como regra objetiva (de validade universal), ou apenas como uma exceção à regra (isentando ele mesmo dela ocasionalmente). Neste último caso *ele apenas se desvia* da lei (ainda que intencionalmente); pode simultaneamente abominar sua transgressão e, sem formalmente renunciar a obediência da lei, apenas desejar contorná-la. No *primeiro* caso, contudo, ele rejeita a própria autoridade da lei, cuja validade não pode ainda negar diante de sua própria razão, e torna sua regra o agir contrariamente à lei. Sua máxima é, portanto, oposta à lei não apenas através de uma *omissão* (*negativa*), mas pela sua *rejeição* (*contrarie*) ou, como o dizemos, sua máxima é *diametralmente* oposta à lei, como contraditória a ela (hostil a ela, por assim dizer). Na medida do que podemos perceber, é impossível a um ser humano perpetrar um crime deste tipo, um crime formalmente mau (inteiramente sem propósito); e, todavia, não é cabível que seja ignorado num sistema de moral (a despeito de ser tão-só a idéia do mal mais extremo).

A razão do horror diante do pensamento da execução formal de um monarca *por seu povo é*, portanto, a seguinte: que embora seu *assassinato* seja considerado como somente uma *exceção* à regra que o povo converte em sua máxima, sua *execução* deve ser considerada como uma cabal *subversão* dos princípios da relação entre um soberano e seu povo (na qual o povo, que deve sua existência exclusivamente à legislação do soberano, se torna o seu senhor), de sorte que a violência é elevada

---

humanos, um horror que se experimenta reiteradamente tão logo e tão freqüentemente se pensa em cenas como o destino de Carlos I ou de Luís XVI. Mas como explicarmos esse sentimento, que não é sentimento estético (simpatia, um efeito da imaginação por meio do qual nos colocamos a nós mesmos no lugar daquele que sofre) mas um sentimento moral resultante da completa subversão de todos os conceitos de direito? É considerado como um crime que dura para sempre e jamais pode ser expiado (*crimen immortale, inexpiabile*), e parece ser semelhante ao que os teólogos chamam de pecado imperdoável, quer neste mundo, quer no próximo. A explicação deste fenômeno na mente humana parece surgir das reflexões subseqüentes sobre si mesmo, que lançam luz nos próprios princípios dos direitos políticos.

INTRODUÇÃO AO ESTUDO DO DIREITO • DOUTRINA DO DIREITO 135

A DOUTRINA UNIVERSAL DO DIREITO – DIREITO PÚBLICO EDIPRO

acima dos mais sagrados direitos, de maneira impudente e erigindo-se em princípio. Como um abismo que irreparavelmente tudo engole, a execução do monarca parece ser um crime do qual o povo não pode ser absolvido, pois é como se o Estado cometesse suicídio. Há motivo, em consonância com isso, para supor que o acordo para executar o monarca se origina realmente não do que se presume ser um princípio jurídico, mas do temor da vingança do Estado dirigida ao povo, caso o Estado venha a renascer em alguma oportunidade vindoura e que essas formalidades sejam empreendidas somente para conferir a essa ação a aparência de punição e assim de um *procedimento de direito* (tal como o assassinato não seria). Mas este disfarce de tal ato é abortivo; tal pressuposição por parte do povo é ainda pior do que o assassinato, uma vez que envolve um princípio que obrigaria impossibilitar uma nova geração de um Estado que fora derrubado.

Uma mudança da constituição[99] (deficiente), que pode certamente ser necessária ocasionalmente, é exeqüível, portanto, somente através de *reforma* do próprio soberano, porém não do povo e, por via de conseqüência, não por meio de *revolução*; e quando tal mudança ocorre, a reforma só pode afetar o *poder executivo*, não o legislativo. Naquilo que é denominado constituição limitada, a constituição contém uma cláusula segundo a qual o povo pode legalmente *se opor* ao poder executivo e ao seu representante (o ministro), por meio de seus representantes (no Parlamento). Todavia, não é permissível nenhuma resistência ativa (da parte do povo dispondo por sua vontade a coagir o governo a adotar um certo procedimento e, assim, ele próprio realizando um ato do poder executivo), mas apenas uma resistência *negativa*, a saber, uma *recusa* do povo (no Parlamento) em assentir a toda exigência que o governo apresenta como necessária à administração do Estado. De fato, se essas exigências fossem sempre acatadas, seria indício certo de que o povo é corrupto, de que seus representantes são subornáveis, de que o chefe do governo está governando despoticamente através de seu ministro e de que o próprio ministro está traindo o povo.

Ademais, no caso do êxito de uma revolução e o estabelecimento de uma nova constituição, a falta de legitimidade com a qual esta principia

---

99. ...*Staatsverfassung*... deve ser entendido neste contexto como a forma política de governo vigente de um Estado legalmente constituído segundo a tripartição dos poderes. O referencial kantiano é a monarquia conjugada com o Parlamento, dentro do paradigma correspondente à prática britânica. (n.t.)

e é posta em prática não pode liberar os súditos da obrigação de acatar a nova ordem das coisas como bons cidadãos e não podem deixar de honestamente obedecer à autoridade que detém agora o poder. Um monarca destronado (que sobrevive à sublevação) não deve ser obrigado a prestar contas, menos ainda ser punido, pelo que realizou anteriormente, desde que retorne à condição de cidadão e prefira a paz para si mesmo e o Estado ao risco de fugir com o objetivo de dedicar-se à aventura de tentar, na qualidade de um pretendente ou reivindicador recuperar seu trono, seja incitando secretamente uma contra-revolução, seja se fazendo assistir por outras potências. Mas, se preferir este último caminho, seu direito de assim agir não pode ser questionado, uma vez que a insurreição que o derrubou foi injusta. Mas têm outras potências o direito de se juntarem numa aliança a favor desse monarca deposto, simplesmente com o fito de não deixar esse crime perpetrado pelo povo sem retaliação e permanecer como um escândalo para todos os Estados? Estão elas, assim, autorizadas e conclamadas a restaurar pela força a antiga constituição em qualquer outro Estado onde a constituição presentemente existente surgiu através da *revolução*? Estas questões tocam ao direito das gentes.

B

Pode o soberano ser considerado o supremo proprietário (da terra) ou deve ser considerado apenas aquele que detém o comando supremo sobre o povo mediante a lei? Uma vez que a terra é a condição fundamental que por si só possibilita ter coisas externas como pertencentes a si próprio e o primeiro direito adquirível é a posse e uso de tais coisas, todos esses direitos devem ser derivados do soberano como *senhor da terra*, ou melhor, como o seu supremo proprietário (*dominus territorii*). O povo, a multidão dos súditos, também pertencem a ele (são o seu povo). Mas eles a ele pertencem não como se ele fosse o proprietário deles (mediante um direito à coisa); eles, diferentemente, pertencem a ele na sua qualidade de seu comandante supremo (mediante um direito relativamente à pessoa). Esta propriedade suprema é, entretanto, somente uma idéia da associação civil que serve para representar, de acordo com conceitos jurídicos, a necessária união da propriedade privada de todos no seio do povo sob um possuidor público geral, de maneira que a determinação da propriedade particular de cada um esteja em harmonia com o necessário princípio formal de *divisão* (divisão da terra), e não com princípios de *agregação* (a qual procede empiricamente das partes ao todo).

De acordo com os conceitos jurídicos, o supremo proprietário não pode ter terra alguma como sua propriedade privada (pois, de outra maneira, faria de si mesmo uma pessoa privada). Toda a terra pertence exclusivamente ao povo (e, realmente, ao povo entendido distributivamente, não coletivamente), à exceção do caso de um povo nômade submetido a um soberano com o qual não há propriedade privada da terra. O comandante supremo não pode, portanto, ter *domínios*, isto é, bens de raiz para seu uso privado (a manutenção de sua corte), pois se o fizesse ficaria então ao seu próprio critério quão vastos deveriam ser, de modo que o Estado correria o risco de ver toda a propriedade da terra nas mãos do governo e todos os súditos como *servos da gleba* (*glebae adscripti*), apenas possuidores do que é propriedade alheia e, portanto, despojados de toda liberdade (*servi*). Poder-se-ia dizer do senhor da terra que *ele nada possui* (de sua propriedade), exceto ele próprio, pois se ele tivesse alguma coisa que lhe pertencesse paralelamente a outros no Estado, uma disputa poderia nascer entre eles e não haveria juiz para dirimi-la. Mas poder-se-ia dizer também que *ele possui tudo,* visto deter o direito de comando do povo, ao qual todas as coisas externas pertencem (*divisim*) (o direito de destinar a cada um o que é seu).

Disso se conclui que dentro de um Estado também não pode haver corporação, condição ou ordem que, na qualidade de proprietária da terra, possa transferi-la, de acordo com certos estatutos, a gerações sucessivas para o uso exclusivo destas (em perpetuidade). O Estado pode repelir tais estatutos a qualquer tempo, desde que indenize os sobreviventes. Uma *ordem de cavaleiros* (seja esta uma corporação ou meramente uma classe de pessoas individuais que desfrutam de honras especiais) ou um *clero*, chamado de Igreja, jamais podem adquirir com base nesses privilégios, com os quais são favorecidos, a propriedade da terra para transferi-la aos seus sucessores; só podem adquirir o uso dela até o presente. Os bens de raiz de uma ordem de cavaleiros podem ser anulados sem hesitação (ainda que sob a condição mencionada anteriormente), se a opinião pública deixou de favorecer as *honras militares* como um recurso para salvaguardar o Estado contra a indiferença de defendê-lo. As propriedades rurais da Igreja podem, analogamente, ser abolidas, se a opinião pública cessou de interessar-se em missas para almas, orações e uma multidão de clérigos para isto designados como o meio de salvar as pessoas do fogo eterno. Aqueles atingidos por tais reformas não podem queixar-se de sua propriedade ser deles retirada, uma vez que a razão para sua posse até então se apoiava exclusivamente na *opinião do povo* e, também, tinha que ter validade enquanto durasse esta. Mas no momento em que essa opinião declinar, e mesmo declinar apenas na avaliação daqueles que, devido ao seu mérito, detêm o título mais expressivo para conduzirem a avaliação, a pretensa propriedade terá que ser descontinuada, como se em função de um apelo do povo ao Estado (*a rege male informato ad regem melius informandum*).

Nessa propriedade originalmente adquirida da terra repousa, ademais, o direito do comandante supremo, como supremo proprietário (senhor da terra) de tributar os proprietários particulares da terra, ou seja, exigir o pagamento de impostos territoriais, a sisa e os direitos alfandegários, ou exigir a prestação de serviços (tais como a provisão de tropas para o serviço militar). Isto, entretanto, tem que ser feito de uma tal forma que o povo tribute a si mesmo, uma vez que o único modo de proceder de acordo com princípios de direito nesta matéria é os tributos serem arrecadados pelos deputados do povo, mesmo no caso de empréstimos compulsórios (que desviam da lei previamente existente), os quais é permissível cobrar pelo direito de majestade quando o Estado corre o risco de dissolução.

A essa propriedade suprema toca também o direito de administrar a economia do Estado, as finanças e a polícia. É função da polícia prover *segurança, comodidade e decência* públicas, pois a tarefa do governo de orientar o povo por meio das leis é facilitada quando o sentimento de decoro (*sensus decori*), na qualidade de gosto negativo, não é aniquilado por aquilo que ofende o sentimento moral, tal como o mendigar, o tumulto nas ruas, a fetidez e a libertinagem pública (*venus volgivaga*).

Também um terceiro direito concerne ao Estado colimando a sua preservação, ou seja, aquele da inspeção (*ius inspectionis*), de forma que nenhuma associação (de fanáticos políticos ou religiosos) que pudesse afetar o bem-estar *público* da sociedade (*publicum*) se mantenha clandestina. Ao contrário, fica vedado a qualquer associação recusar exibir sua constituição diante da solicitação da polícia. Mas a polícia não está autorizada a executar buscas na residência particular de ninguém, salvo em caso de necessidade, e em todo caso particular terá que dispor de um mandado de uma autoridade superior para fazê-lo.

C

Ao comandante supremo cabe *indiretamente*, isto é, na medida em que assumiu o dever do povo, o direito de impor ao povo tributos para a própria preservação deste, tais como impostos para manter organizações que cuidam dos *pobres, lares para crianças abandonadas e organizações religiosas de assistência*, usualmente chamadas de instituições de caridade ou piedosas.

A vontade geral do povo se fundiu numa sociedade a ser preservada perpetuamente, e para esta finalidade se submeteu à autoridade interna do Estado, a fim de sustentar aqueles membros da sociedade incapazes de manter a si mesmos. Por razões de Estado o governo é, portanto, autorizado a forçar os ricos a prover os meios de subsistência daqueles que são incapazes de prover sequer a satisfação de suas necessidades naturais mais indispensáveis. Os ricos adquiriram uma obrigação relativamente à coisa pública, uma vez que devem sua existência ao ato de submissão à sua proteção e zelo, o que necessitam para viver; o Estado então fundamenta o seu direito de contribuição do que é deles nessa obrigação, visando à manutenção de seus concidadãos. Isto pode ser realizado ou por meio da imposição de um imposto sobre a propriedade ou a atividade comercial dos cidadãos, ou pelo estabelecimento de fundos e o uso dos juros obtidos a partir destes, não para suprir as necessidades do Estado (uma vez que este é rico), mas para suprir as necessidades do povo. O Estado o fará mediante a coerção (posto que nos referimos aqui apenas ao *direito* do Estado relativamente ao povo), mediante a tributação pública, não meramente contando com contribuições *voluntárias*, algumas das quais são feitas visando ao ganho (tais como as loterias, que geram mais gente pobre e mais perigo para a propriedade pública do que aquilo que ocorreria de outra maneira, e que, portanto, não deveria ser permitido). A questão que se coloca é se o cuidado dos pobres deve ter seus recursos supridos por *contribuições correntes* – coletadas não pelo mendigar, que é intimamente aparentado ao roubo, mas por cobranças legais – de sorte que cada geração sustenta seus próprios pobres, ou, em lugar disso, por *ativos* gradualmente acumulados e por instituições *piedosas* em geral (tais como lares para viúvas, hospitais e similares). Somente o primeiro sistema, do qual ninguém que precise ver pode se furtar, é passível de consideração em consonância com o direito de um Estado; pois mesmo que as contribuições correntes aumentassem com o número dos pobres, esse sistema não faz da pobreza um meio de aquisição para os preguiçosos (como se tem a temer no que tange às instituições religiosas), e assim não se converte numa carga *injusta* imposta ao povo pelo governo.

Quanto a manter crianças abandonadas por causa de pobreza ou vergonha, ou mesmo até assassinadas por isso, o Estado dispõe de um direito de arcar o povo com o dever de não cientemente deixá-las perecer, ainda que representem um acréscimo que não é bem-vindo à população. A questão de se isso deve ser feito cobrando impostos de pessoas velhas solteiras de ambos os sexos em geral (pelas quais entendo pessoas solteiras *ricas*), uma vez são elas, em parte, culpáveis por haverem crianças abandonadas, com o propósito de estabelecer lares para crianças abandonadas, ou se tal coisa pode ser feita acertadamente de uma outra maneira (embora fosse difícil descobrir um outro meio para preveni-lo), é um problema que não foi ainda resolvido de uma tal forma que a solução não afete quer direitos quer a moralidade.

Quanto às *igrejas* (como instituições para o *culto público de Deus* por parte do povo, a cuja opinião ou convicção devem elas sua origem), têm que ser cuidadosamente distinguidas de religião, que é uma disposição íntima que reside completamente além da esfera de influência do poder civil. As igrejas assim se transformam também em uma verdadeira necessidade do Estado, a necessidade das pessoas considerarem a si mesmas como súditos também de um poder *invisível* supremo ao qual devem render homenagem e que pode, amiúde, se colocar num conflito muito desigual com o poder civil. Assim, um Estado realmente dispõe de um direito relativamente às igrejas. Não dispõe do direito de legislar as constituições internas das igrejas ou organizá-las conforme seus próprios pontos de vista, de modos que julga vantajosos a si próprio, ou seja, prescrever ao povo ou determinar crenças e formas de culto a Deus (*ritus*) (visto que isto deve ser deixado inteiramente a cargo dos professores e diretores escolhidos pelo próprio povo). O Estado dispõe somente de um direito *negativo* de impedir que os professores públicos exerçam uma influência sobre a coisa pública política *visível* que pudesse ser prejudicial à paz pública. Seu direito é, portanto, o de polícia, de não permitir que uma disputa surgida dentro de uma igreja ou entre diferentes igrejas ponha em perigo a harmonia civil. A autoridade suprema manifestar-se que uma igreja deveria encerrar uma certa crença ou indicar qual deveria ter ou que ela deveria mantê-la inalterável e que não lhe é permitido reformar-se constituiriam interferências de sua parte que estão *abaixo de sua dignidade*, pois ao assim agir, como na intromissão nas contendas das escolas, coloca a si mesma no mesmo nível qualitativo de seus súditos (o monarca converte a si mesmo num sacerdote) e eles podem lhe dizer incontinenti que nada entende do assunto. Em especial, a autoridade suprema não tem o direito de proibir a reforma interna das igrejas, pois aquilo que todo o povo é incapaz de decidir para si mesmo, o legislador também não é capaz de decidir para o povo. Mas povo algum pode decidir jamais avançar em sua compreensão (esclarecimento) no que tange a crenças e, assim, jamais reformar suas igrejas, uma vez que isso se oporia à humanidade em suas próprias pessoas e, conseqüentemente, ao direito mais excelso do povo. Assim, nenhuma autoridade suprema pode decidir sobre isso para o povo. No que toca às despesas de manutenção das igrejas, pela mesma razão estas não podem dizer respeito ao Estado, porém, ao contrário, devem ser incumbência da parte do povo que professa uma ou outra crença, isto é, somente da congregação.

D

O direitos do comandante supremo de um Estado também incluem: 1) a distribuição dos *cargos*, que são posições administrativas assalariadas; 2) a distribuição de *dignidades*, que são condições eminentes não pagas exclusivamente baseadas na honra, isto é, uma divisão hierárquica do superior (destinado ao comando) e o inferior (que, embora livre e obrigado apenas pela lei pública, está destinado, ainda assim, a obedecer ao primeiro); e 3) além desses direitos (relativamente beneficentes), também o *direito de punir*.

No que respeita aos cargos civis, surge a questão de se uma vez tenha o soberano confiado um cargo a alguém, tem ele o direito de subtraí-lo conforme o agrade (caso o titular do cargo não tenha cometido um crime). Digo que não, pois o chefe do Estado jamais pode tomar uma decisão envolvendo um funcionário civil que a vontade unida do povo não teria tomado. Ora, o povo (que tem que arcar com os custos da nomeação de um funcionário do Estado) deseja indubitavelmente que este tenha competência para a posição para a qual foi designado; e isto ele só pode ter após ter passado um tempo suficientemente longo sendo preparado e treinado, tempo que podia ter passado em treinamento para uma outra posição que o teria sustentado. Se o chefe do Estado tivesse esse direito, os cargos seriam preenchidos via de regra por pessoas que não obtiveram a capacitação necessária e o maduro discernimento conquistado pela prática, o que seria contrário ao propósito do Estado, que também requer que todos sejam capazes de ascender de cargos inferiores para superiores (os quais, de outra maneira, cairiam em poder da pura incompetência). Conseqüentemente, funcionários civis do Estado têm que estar capacitados a contar com apoio por toda a vida.

Entre as dignidades, não apenas aquelas ligadas a um cargo, como também as que tornam seus detentores membros de uma condição mais elevada, mesmo sem quaisquer serviços especiais de sua parte, encontra-se a de *nobreza*, que é distinta da condição civil do povo e é transmitida a descendentes do sexo masculino e por estes a uma esposa nascida como membro do povo, ainda que se uma mulher nascida nobre casar com um cidadão comum ela não transfira essa condição ao seu marido, mas, pelo contrário, ela mesma retorne à mera condição civil (do povo). Ora, a questão é saber se o soberano está autorizado a estabelecer uma nobreza, na medida em que se trata de uma condição intermediária entre ele próprio e o resto dos cidadãos que *pode ser herdada*. O que esta questão envolve não é se seria prudente ao soberano fazer tal coisa visando ao seu próprio proveito ou àquele do povo, mas somente se estaria em harmonia com os direitos do povo ter este uma condição de pessoas acima dele que, embora elas próprias súditos, nascem *governantes* (ou, ao menos, privilegiadas) relativamente ao povo. A resposta a esta questão provém do mesmo princípio da resposta da questão anterior: "O que um povo (a massa inteira de súditos) é incapaz de decidir em relação a si mesmo e seus companheiros, o soberano também não está capacitado a decidir com relação a ele." Ora, uma nobreza *hereditária* é uma condição que precede ao mérito e que também não provê base alguma para a expectativa de mérito, sendo assim uma entidade-pensamento sem qualquer realidade, pois se um ancestral tivesse mérito, ainda assim não poderia legá-lo aos seus descendentes, os quais teriam que conquistá-lo por si mesmos, visto que a natureza não dispõe as coisas de uma tal forma que o talento e a vontade, os quais possibilitam o serviço meritório ao Estado, sejam também *hereditários*. Uma vez que é para nós inadmissível qualquer homem jogar fora a sua liberdade, é impossível para a vontade geral do povo dar o seu assentimento a uma tal prerrogativa destituída de fundamento e, portanto, para o soberano validá-la.

A anomalia de súditos que desejam ser mais do que cidadãos do Estado, nomeadamente, funcionários *por nascimento* (um professor *por nascimento*, talvez) pode ter se infiltrado na maquinaria do governo a partir de tempos mais antigos (feudalismo, o qual era organizado quase que totalmente para a guerra). O único meio pelo qual o Estado pode, então, gradualmente corrigir esse erro por ele cometido, o de conceder privilégios hereditários contrários ao direito, é deixar que declinem e não preencher vagas nessas posições. Assim teríamos um direito provisório ao deixar essas posições de dignidade dotadas de títulos continuarem até que mesmo segundo a opinião pública a divisão em soberano, nobreza e cidadãos comuns seja substituída pela única divisão natural que é a de soberano e povo.

INTRODUÇÃO AO ESTUDO DO DIREITO • DOUTRINA DO DIREITO   **143**
A DOUTRINA UNIVERSAL DO DIREITO – DIREITO PÚBLICO   EDIPRO

Certamente nenhum ser humano num Estado pode viver sem qualquer dignidade, uma vez que ele, ao menos, possui a dignidade de cidadão. A exceção é alguém que a perdeu devido ao seu proprio *crime*, em função do qual, embora seja mantido vivo, ele é transformado numa mera ferramenta do arbítrio de outrem (do Estado ou de outro cidadão). Todo aquele que é uma ferramenta de outrem (no que pode se converter somente por meio de sentença e direito) é um *servo* (*servus in sensu stricto*)[100] e é a propriedade (*dominium*) de outrem, o qual, conseqüentemente, não é simplesmente seu *senhor* (*herus*), como também seu *proprietário* (*dominus*), podendo, portanto, aliená-lo como uma coisa, usá-lo como quiser (exceto com propósitos vergonhosos) e *(dispor) de suas forças*, ainda que não de sua vida e membros. Ninguém pode obrigar-se a esta espécie de dependência, pelo qual deixa de ser uma pessoa, mediante um contrato, uma vez que é somente como uma pessoa que pode realizar um contrato. Ora, poderia parecer que alguém pudesse se submeter à obrigação relativamente a uma outra pessoa mediante um contrato de locação e arrendamento (*locatio conductio*), para a prestação de serviços (em troca de remunerações, alimento ou proteção) que sejam permissíveis do ponto de vista de sua qualidade, porém *indeterminados* do ponto de vista de sua quantidade, e que por meio disso se torna apenas um súdito (*subiectus*) e não um servo (*servus*). Mas isso não passa de uma aparência enganosa, já que se o senhor está autorizado a usar as forças de seu súdito como bem quiser, pode inclusive esgotá-las até que seu súdito morra ou seja levado ao desespero (como acontece com os negros nos engenhos de açúcar);[101] seu súdito, de fato, terá cedido a si mesmo, como propriedade, ao seu senhor, que é impossível. Alguém pode, assim, se fazer contratado apenas para um trabalho que seja determinado no que tange ao seu tipo e sua quantidade, quer como um trabalhador diarista, quer como um súdito vivendo na propriedade de seu senhor. Neste último caso ele pode fazer um contrato, para um certo tempo ou indefinidamente, de prestação de serviços, trabalhando na terra de seu senhor numa permuta pelo uso dela, em lugar de receber salários como trabalhador por jornada de trabalho, ou pagando aluguel (uma taxa) especificado por um arrendamento a título de retorno pelo

---

100. Servo em sentido estrito. (n.t.)

101. ...*Zucker-inseln...,* literalmente *ilhas de açúcar.* Esta expressão de Kant soa estranha. É possível que quisesse referir-se veladamente a algumas ilhas ligadas ao continente africano ou mesmo às ilhas do Caribe, onde os negros eram levados à exaustão e/ou à morte pelos europeus nos canaviais e engenhos de açúcar. De uma forma ou outra, ele se refere certamente aos escravos negros que mourejavam nas plantações de cana-de-açúcar e nos engenhos. (n.t.)

uso pessoal que faz da terra, sem com isso fazer de si mesmo um *servo da gleba*[102] (*glebae adscriptus*), pelo que perderia sua personalidade. Mesmo que ele se tornasse um súdito *pessoal* por seu crime, sua sujeição não é *herdável*, porque ele a ela incorreu somente por sua própria culpa. Tampouco pode o descendente de um *servo*[103] ser reclamado como um servo pelo fato de ter gerado o custo de sua educação, pois os pais têm um absoluto dever natural de educar seus filhos e, quando os pais são servos, seus senhores assumem *esse* dever juntamente com a posse de seus súditos.

E : Do direito de punir e conceder clemência

I

O direito de punir é o direito detido por um chefe de Estado relativamente a um súdito de infligir-lhe dor por ter *este* cometido um crime. O chefe supremo de um Estado, portanto, não é punível; pode-se, apenas, furtar-se ao seu domínio. Uma violação da lei pública que torna alguém que a comete inapto à cidadania é chamada simplesmente de *crime* (*crimen*), mas é chamada também de *crime público* (*crimen publicum*); assim, o primeiro (crime privado) é levado à justiça civil, o segundo a uma corte criminal. A defraudação, isto é, a apropriação indevida de dinheiro ou mercadorias depositados em confiança e a fraude na compra e venda, quando perpetradas de tal forma que o outro possa detectá-las, são crimes privados. Por outro lado, a falsificação de dinheiro ou de letras de câmbio, o furto e o roubo e similares, são crimes públicos porque põem em perigo a coisa pública e não somente uma pessoa individual. Podem ser classificados como crimes provenientes de *má índole* (*indolis abiectae*) e crimes oriundos de *índole violenta* (*indolis violentae*).

A *punição imposta por um tribunal* (*poena forensis*) – distinta da *punição natural* (*poena naturalis*) na qual o vício pune a si mesmo e que o legislador não considera – jamais pode ser infligida meramente como um meio de promover algum outro bem a favor do próprio criminoso ou da sociedade civil. Precisa sempre ser a ele infligida somente porque *ele cometeu um crime*, pois um ser humano nunca pode ser tratado apenas a título de meio para fins alheios ou ser colocado entre os objetos de

---

102. ...*Gutsuntertan*... (n.t.)
103. ...*Leibeigener*... (n.t.)

INTRODUÇÃO AO ESTUDO DO DIREITO • DOUTRINA DO DIREITO

A DOUTRINA UNIVERSAL DO DIREITO – DIREITO PÚBLICO

direitos a coisas: sua personalidade inata o protege disso, ainda que possa ser condenado à perda de sua personalidade civil. Ele deve previamente ter sido considerado *punível* antes que se possa de qualquer maneira pensar em extrair de sua punição alguma coisa útil para ele mesmo ou seus concidadãos. A lei da punição é um imperativo categórico e infeliz aquele que rasteja através das tortuosidades do eudaimonismo, a fim de descobrir algo que libere o criminoso da punição ou, ao menos, reduz sua quantidade pela vantagem que promete, de acordo com as palavras farisaicas: "É melhor que *um* homem morra do que pereça um povo inteiro."[104] Se a justiça desaparecer não haverá mais valor algum na vida dos seres humanos sobre a Terra. O que se deveria pensar, portanto, da proposta de preservar a vida de um criminoso sentenciado à morte, no caso de ele permitir ser objeto de perigosos experimentos e ser felizardo o bastante para sobreviver a eles, de maneira que dessa forma os médicos aprendessem algo novo benéfico para a comunidade? Um tribunal rejeitaria desdenhosamente uma tal proposta de uma junta médica, pois a justiça deixa de ser justiça se puder ser comprada por qualquer preço que seja.

Mas que tipo e que quantidade de punição correspondem ao princípio e medida da justiça pública? Nada além do princípio de igualdade (na posição do ponteiro na balança da justiça) inclinar-se não mais para um lado do que para o outro. Em conformidade com isso, seja qual for o mal imerecido que infliges a uma outra pessoa no seio do povo, o infliges a ti mesmo. Se o insultas, insultas a ti mesmo; se furtas dele, furtas de ti mesmo; se o feres, feres a ti mesmo; se o matas, matas a ti mesmo. Mas somente a lei de talião (*ius talionis*) – entendida, é claro, como aplicada por um tribunal (não por teu julgamento particular) – é capaz de especificar definitivamente a qualidade e a quantidade de punição; todos os demais princípios são flutuantes e inadequados a uma sentença de pura e estrita justiça, pois neles estão combinadas considerações estranhas. Ora, pareceria efetivamente que diferenças de posição social não permitiriam o princípio da retaliação, de igual para igual; porém, mesmo quando isto não é possível na letra, o princípio pode sempre permanecer válido do ponto de vista de seu efeito, caso se leve em consideração as sensibilidades das classes superiores. Uma multa, por exemplo, imposta por um insulto verbal, não tem relação com a ofensa, pois alguém rico poderia, de fato, se permitir ceder a um insulto verbal em uma certa oportunidade; no entanto, o ultraje que produziu ao amor próprio ou

---

104. Citação extraída do Evangelho de João, 11:50. (n.t.)

honra de alguém pode ainda ser muito semelhante à ofensa ao seu orgulho, *se* ele for forçado pelo julgamento e o direito não só a desculpar-se publicamente àquele que insultou, como também a beijar sua mão, por exemplo, mesmo que este pertença a uma classe inferior. Analogamente, alguém de posição eminente dado à violência poderia ser condenado não apenas a desculpar-se por agredir um cidadão inocente socialmente inferior a si, como também a suportar um confinamento solitário envolvendo sofrimento; além do desconforto experimentado, a vaidade do ofensor seria atingida dolorosamente, de sorte que através de sua vergonha o igual seria apropriadamente pago com o igual. Mas o que significa dizer: "Se furtas de alguém, furtas de ti mesmo?". Todo aquele que furta torna a propriedade de todos os demais insegura e, portanto, priva a si mesmo (pelo princípio de retaliação) de segurança em qualquer propriedade possível. Ele nada possui e também nada pode adquirir; porém, de qualquer modo, quer viver e isto então somente é possível se os outros o sustentarem. Mas uma vez que o Estado não irá sustentá-lo gratuitamente, terá que ceder a este suas forças para qualquer tipo de trabalho que agrade ao Estado (trabalhos forçados ou trabalho penitenciário) e é reduzido à condição de escravo durante um certo tempo ou permanentemente, se o Estado assim o julgar conveniente. Se, porém, ele cometeu assassinato, terá que *morrer*. Aqui não há substituto que satisfará a justiça. Inexiste *similaridade* entre a vida, por mais desgraçada que possa ser, e a morte, e, conseqüentemente, nenhuma igualdade ou analogia entre o crime e a retaliação, a menos que a morte seja judicialmente aplicada ao criminoso, ainda que tenha que estar isenta de qualquer maltrato que pudesse tornar abominável a humanidade na pessoa que a sofre. Mesmo se uma sociedade civil tivesse que ser dissolvida pelo assentimento de todos os seus membros (por exemplo, se um povo habitante de uma ilha decidisse separar-se e se dispersar pelo mundo), o último assassino restante na prisão teria, primeiro, que ser executado, de modo que cada um a ele fizesse o merecido por suas ações, e a culpa sanguinária não se vinculasse ao povo por ter negligenciado essa punição, uma vez que de outra maneira o povo pode ser considerado como colaborador nessa violação pública da justiça.

Este ajuste da punição ao crime, que só pode ocorrer pelas mãos de um juiz impondo a sentença de morte de acordo com a estrita lei de talião, se manifesta pelo fato de somente mediante esta ser uma sentença de morte pronunciada para todo criminoso proporcionalmente à sua *perversidade interior* (mesmo quando o crime não for assassinato, mas um outro contra o Estado que só pode ser punido com a morte). Supõe

INTRODUÇÃO AO ESTUDO DO DIREITO • DOUTRINA DO DIREITO

A DOUTRINA UNIVERSAL DO DIREITO – DIREITO PÚBLICO

que alguém (como Balmerino[105] e outros) que participou da recente insurreição escocesa acreditasse que através de sua sublevação estivesse apenas cumprindo um dever por ele devido a Casa de Stuart, enquanto outros, ao contrário, estivessem motivados devido a interesses pessoais; e supõe que o julgamento pronunciado pela corte suprema tivesse sido que cada um fosse livre para escolher entre a morte e trabalhos forçados. Digo que neste caso o homem honrado escolheria a morte, e o patife os trabalhos forçados. Isto se coaduna com a natureza da alma humana, pois o homem honrado está familiarizado com algo que ele tem ainda em maior apreço do que a vida, a saber, a *honra*, enquanto o patife acha melhor viver desonrosamente do que não viver de modo algum (*animam praeferre pudori. Juven.*).[106] Uma vez que o homem honrado é inegavelmente menos merecedor de punição do que o outro, ambos seriam punidos de maneira inteiramente proporcional se fossem igualmente sentenciados à morte; o homem de honra seria punido brandamente do prisma de sua sensibilidade e o patife severamente do ponto de vista da sua. Ao contrário, se ambos fossem sentenciados aos trabalhos forçados, o homem honrado seria punido com demasiada severidade e o outro com demasiada brandura por sua ação vil. E, assim, igualmente aqui, quando se pronuncia uma sentença para um grande número de criminosos unidos numa conspiração, o melhor elemento equalizador ante a justiça pública é a *morte*. Ademais, jamais se ouviu falar de ninguém que houvesse sido condenado à morte por homicídio queixando-se de que foi tratado com excessiva severidade e, portanto, prejudicado; todos ririam na sua cara se ele dissesse tal coisa. Se sua queixa fosse justificada, teríamos que supor que embora nenhum prejuízo seja causado ao criminoso de acordo com a lei, o poder legislativo do Estado, não obstante, não está autorizado a infligir esse tipo de punição e que, se o faz, estaria em contradição consigo mesmo.

Em consonância com isso, todo assassino – todo aquele que cometer assassinato, ordená-lo ou ser cúmplice deste – deverá ser executado. Isto é o que a justiça, como a idéia do poder judiciário, quer de acordo com leis universais que têm fundamento *a priori*. Se, entretanto, o número de cúmplices (*correi*) de um tal ato for tão grande que o Estado, com o fito de não ter tais criminosos no seu seio, possa logo encontrar-se sem

---

105. Kant refere-se a Arthur Elphinstone, o sexto barão Balmerino. Este nobre escocês participou do levante ocorrido entre 1745 e 1746, que visava colocar o príncipe Charles Edward Stuart no trono da Inglaterra. Os escoceses foram derrotados em Culloden, Balmerino capturado e decapitado. (n.t.)

106. Juvenal, *Sátiras*, III, viii, 83. (n.t.)

148 IMMANUEL KANT

EDIPRO A DOUTRINA UNIVERSAL DO DIREITO – DIREITO PÚBLICO

súditos, e se o Estado não desejar ainda sua dissolução, isto é, passar ao estado de natureza, que é extremamente pior porque neste não há, de modo algum, justiça externa (e se ele especialmente não quiser embotar o sentimento do povo através do espetáculo de um matadouro), então o soberano deverá também ser investido do poder neste caso de necessidade (*casus necessitatis*) de assumir a função de juiz (representando-o) e proceder a um julgamento que pronuncie para os criminosos uma sentença distinta da pena capital, tal como a deportação, a qual ainda preservasse a população. Isso não pode ser feito em harmonia com a lei pública, mas pode ser feito por meio de um decreto executivo, isto é, por meio de um ato do direito de majestade que, como a clemência, pode sempre ser exercido apenas em casos individuais.

Opondo-se a isso, o Marquês de Beccaria,[107] movido por sentimentos compassivos de afetada humanidade (*compassibilitas*) apresentou sua asserção de que qualquer pena capital é equivocada porque não poderia estar contida no contrato civil original, pois se estivesse, todos os integrantes de um povo teriam que haver consentido em perder a vida em caso de ter assassinado um outro indivíduo (do povo), ao passo que é impossível para qualquer um consentir com tal coisa porque ninguém pode dispor de sua própria vida. Isto não passa de sofística e de artimanha jurídica.

Ninguém é objeto de punição porque *a* quis, mas porque quis uma *ação punível*, pois não constitui punição se aquilo que é feito a alguém é o que ele quer e é impossível *querer* ser punido. Dizer que quero ser punido se assassino alguém é dizer nada mais do que me submeto, juntamente com todos os outros, às leis, que naturalmente também serão leis penais se houver quaisquer criminosos em meio ao povo. Na qualidade de um co-legislador ao ditar a *lei penal*, é possível que eu não possa ser a mesma pessoa que, como súdito, é punida de acordo com a lei, pois como alguém que é punido, a saber, como um criminoso, não é possível que eu possa ter uma voz na legislação (o legislador é sagrado). Conseqüentemente, quando redijo uma lei penal contra mim mesmo na qualidade de um criminoso, é a razão pura em mim (*homo noumenon*), legislando com respeito a direitos, que me sujeita, como alguém capaz de perpetrar o crime e, assim, como uma outra pessoa (*homo phaenomenon*), à lei penal, junto com todos os demais numa associação civil. Em

---

107. Cesare Bonesana (1738-1794), criminalista italiano e autor da obra *Dos Delitos e das Penas*, na qual ele advoga uma reforma dos códigos penais da época, considerados cruéis. Esta obra, publicada em 1764, passou a exercer marcante influência na Europa a partir de então. Presente em *Clássicos Edipro*. (n.t.)

outras palavras, não é o povo (cada indivíduo nele encerrado) que dita a pena capital, mas o tribunal (a justiça pública) e, assim, um outro indivíduo distinto do criminoso; e o contrato social não contém nenhuma promessa de deixar-se punir e, deste modo, dispor de si mesmo e da própria vida, isto porque se a autorização para punir tivesse que ser baseada na *promessa* do transgressor, no seu *querer* deixar-se punir, teria também que lhe caber julgar a si mesmo punível e o criminoso seria o seu próprio juiz. O ponto capital do erro ($\pi\rho\omega\tau\text{o}\nu$ $\psi\epsilon\upsilon\delta\text{o}\varsigma$)[108] nessa sofística consiste em sua confusão do próprio julgamento do criminoso (que tem necessariamente que ser atribuído à sua *razão*) de que ele tem que perder sua vida mediante uma resolução da parte de sua *vontade* para tirar sua própria vida, e assim em representar como unidos numa única e mesma pessoa o julgamento sobre um direito e a realização deste direito.

Há, contudo, dois crimes que merecem a morte, com relação aos quais ainda continua duvidoso se a *legislação* está também autorizada a impor a pena de morte. O sentimento de honra conduz a ambos, num caso a *honra ligada ao próprio sexo*, no outro a *honra militar* e realmente autêntica honra, que corresponde ao dever em cada uma dessas duas situações envolvendo classes de seres humanos. Um crime é o *assassinato do filho pela mãe* (*infanticidium maternale*); o outro é o *assassinato de um companheiro de armas* (*commilitonicidium*) num *duelo*. A legislação é incapaz de eliminar a desgraça de um nascimento ilegítimo tanto quanto é capaz de remover a nódoa de suspeita de covardia de um oficial subordinado que não consegue reagir a uma afronta humilhante mediante a força de sua própria ascendência acima do medo da morte. Assim, afigura-se que nestes dois casos as pessoas encontram a si mesmas no estado de natureza e que esses atos de *matar* (*homicidium*), que não deveriam, então, sequer ser chamados de assassinato (*homicidium dolosum*), são certamente puníveis mas não podem ser punidos com a morte pelo poder supremo. Uma criança que vem ao mundo fora do casamento nasce fora da lei (pois a lei é o casamento) e, portanto, fora da proteção da lei. Ela foi, por assim dizer, imiscuída na coisa pública (como a mercadoria de contrabando), de modo que a comunidade pode ignorar sua existência (uma vez que não foi justo o fato de ela ter passado a existir dessa forma) e pode, por conseguinte, também ignorar sua destruição; e nenhum decreto é capaz de eliminar a vergonha da mãe quando se vem a saber que ela deu à luz sem ser casada. Do mesmo modo,

---

108. Em grego no original (*próton pseudos*: erro primário, primeiro erro, erro fundamental). (n.t.)

quando um oficial subordinado é insultado, *ele se vê* constrangido pela opinião pública dos demais membros de sua posição a exigir satisfação para si e, como no estado de natureza, *punição* do ofensor, não por meio da lei, conduzindo-o perante uma corte, mas por meio de um *duelo*, no qual ele expõe a si mesmo à morte a fim de provar sua coragem militar, sobre a qual se apóia essencialmente a honra de sua classe. Mesmo que o duelo venha a envolver o *matar* seu oponente, o matar que ocorre nesta luta que tem lugar publicamente e com o consentimento de ambas as partes, ainda que relutantemente, não pode ser estritamente classificado como *assassinato* (*homicidium dolosum*). O que, então, cabe estabelecer como direito em ambos os casos (pertencente à esfera da justiça criminal)? Aqui a justiça penal se acha decididamente em apuros. Ou tem que declarar pela lei que o conceito de honra (que aqui não é ilusão alguma) nada vale e partir para a punição pela morte, ou então tem que afastar do crime a pena capital que lhe é apropriada, e assim ser ou cruel ou indulgente. Este nó pode ser desatado da seguinte maneira: o imperativo categórico da justiça penal permanece (matar outrem contrariamente à lei deve ser punido com a morte), mas a própria legislação (e, conseqüentemente, também a constituição civil), enquanto permanecer bárbara e subdesenvolvida, é responsável pela discrepância entre os *estímulos* da honra no seio do povo (subjetivamente) e as *medidas* que são (objetivamente) adequadas à sua finalidade. Assim, a justiça pública oriunda do Estado se converte numa *injustiça* na perspectiva da justiça proveniente do povo.

II

De todos os direitos de um soberano, o *direito de conceder clemência* a um criminoso (*ius aggratiandi*), seja diminuindo ou perdoando inteiramente a pena, é o mais escorregadio que lhe compete exercer, pois precisa ser exercido de uma tal maneira que exiba o esplendor de sua majestade, a despeito de estar ele com isso cometendo injustiça no mais alto grau. Relativamente a crimes perpetrados pelos *súditos* uns contra os outros, não lhe cabe de modo algum exercê-lo, uma vez que neste caso a ausência de punição (*impunitas criminis*) constitui o maior dos males cometido contra seus súditos. Assim, ele só pode fazer uso do direito de conceder clemência no caso de uma injustiça feita *contra ele próprio* (*crimen laesae maiestatis*). Não pode, contudo, fazer uso dele mesmo nesse caso, se deixar de punir puder colocar em perigo a segurança do povo. Este direito é o único que merece ser chamado de o direito de majestade.

INTRODUÇÃO AO ESTUDO DO DIREITO • DOUTRINA DO DIREITO   **151**
A DOUTRINA UNIVERSAL DO DIREITO – DIREITO PÚBLICO   EDIPRO

Da relação tocante aos direitos de um cidadão com sua pátria e com países estrangeiros

§ 50

O país (*territorium*) cujos habitantes são seus cidadãos simplesmente com base em sua constituição, sem a necessidade de executarem qualquer ato especial que estabeleça esse direito (e, assim, são cidadãos por nascimento) é chamado de sua *pátria*. Um país do qual não são cidadãos à parte dessa condição é denominado *país estrangeiro*. Se um país estrangeiro forma parte de um domínio maior é chamado de *província* (no sentido em que os romanos utilizavam esta palavra), a qual tem que respeitar a terra do Estado que a governa como a *matriz* (*regio domina*), pois uma província não é uma parte integrante do domínio (*imperii*), um lugar de *residência* para concidadãos, mas apenas uma possessão dele, uma *residência secundária*[109] para eles.

1. Um *súdito* (considerado também como um cidadão) tem o direito de emigrar, pois o Estado não poderia retê-lo como sua propriedade. Mas ele pode retirar do Estado e levar consigo somente seus pertences móveis, não os imóveis, como estaria fazendo se fosse autorizado a vender a terra que anteriormente possuía, levando consigo o dinheiro obtido com a venda.

2. O *senhor da terra* tem o direito de estimular a *imigração* e o estabelecimento de estrangeiros (colonos), ainda que seus súditos nativos pudessem olhar com desconfiança para essa postura, desde que a propriedade privada de terra deles não seja reduzida com isso.

3. Ele também detém o direito de *banir* um súdito para uma província fora do país, onde este não gozará de quaisquer direitos de cidadania, ou seja, *deportá-lo*, se houver cometido um crime que torne danoso ao Estado a sua associação com seus concidadãos.

4. Ele também tem o direito de desterrá-lo completamente (*ius exilii*), expulsá-lo para o mundo exterior, isto é, inteiramente fora de seu país (o que no alemão arcaico é chamado de *Elend*).[110] Uma vez que o senhor da terra, então, o priva de toda proteção, isto redunda em transformá-lo em um fora-da-lei dentro de suas fronteiras.

---

109. ...*Unterhauses*... (n.t.)
110. Miséria, desdita. (n.t.)

§ 51

Os três poderes num Estado, procedentes do conceito de *coisa pública em lato sentido* (*res publica latius dicta*), são apenas as três relações da vontade unida do povo, que deriva *a priori* da razão. Constituem uma idéia pura de um chefe de Estado, que possui realidade prática objetiva. Mas este chefe de Estado (o soberano) é somente uma *entidade-pensamento* (para representar todo o povo) enquanto não há pessoa física para representar a suprema autoridade no Estado e efetivar essa idéia na vontade do povo. Ora, a relação desta pessoa física com a vontade do povo pode ser concebida de três formas diferentes: ou que *um* no Estado detenha o comando sobre todos; ou que *alguns*, iguais entre si, se unam no comando de todos os outros; ou que *todos* juntos detenham o comando sobre cada um e, assim, sobre si mesmos também. Em outras palavras, a *forma de um Estado é autocrática*, ou *aristocrática* ou *democrática*. (A expressão *monárquica*, em lugar de *autocrática*, não é adequada para exprimir o conceito indicado aqui, porque um *monarca é* alguém que detém a *suprema* autoridade, ao passo que um *autocrata*, que governa *sozinho por sua própria conta*, detém *toda* a autoridade. O autocrata é o soberano, enquanto o monarca apenas representa a autoridade soberana.) É fácil perceber que a forma autocrática de Estado é *a mais simples*, a saber, a relação de um (o rei) com o povo, de modo que somente um é legislador. A forma aristocrática de Estado já é *composta* de duas relações: a relação dos membros da nobreza (na qualidade de legislador) entre si, a fim de constituir o soberano e, então, a relação deste soberano com o povo. Entretanto, a forma democrática de governo é a mais composta de todas, uma vez que envolve as seguintes relações: primeiramente, ela une a vontade de todos para formar um povo; em seguida, une a vontade dos cidadãos para formar uma coisa pública (república); e, então, ela estabelece *esse soberano*, que é ele próprio a vontade unida dos cidadãos, na coisa pública.[111] É verdade que no que tange à administração do direito no interior de um Estado, a forma mais simples é também a melhor. No que toca, entretanto, ao próprio direito, essa forma de Estado é a mais perigosa para o povo, pelo fato de ser um canal para o despotismo. Realmente, constitui a mais razoável das máximas simplificar o mecanismo de unificação de uma nação através de

---

111. Não mencionarei as adulterações destas formas oriundas da invasão de um senhor poderoso não autorizado (a *oligarquia* e *oclocracia*), ou as chamadas constituições mistas, uma vez que isso nos levaria demasiado longe.

INTRODUÇÃO AO ESTUDO DO DIREITO • DOUTRINA DO DIREITO **153**
A DOUTRINA UNIVERSAL DO DIREITO – DIREITO PÚBLICO EDIPRO

leis coercivas, isto é, quando todos os membros da nação são passivos e obedecem a *um* indivíduo que é superior a eles; mas neste caso ninguém que é um súdito é também um *cidadão do Estado*. No que diz respeito ao consolo com o qual se supõe contentar-se o povo – que a monarquia (falando-se estritamente aqui, a autocracia) é a melhor constituição *quando o monarca é bom* (isto é, quando ele não só pretende o que é bom, como também tem a sua compreensão) – trata-se de uma daquelas sábias observações tautológicas. Tudo que expressa é que a melhor constituição é aquela através da qual o administrador do Estado é transformado no melhor governante, isto é, que a melhor constituição é aquela que é melhor.

§ 52

É fútil sondar a *garantia histórica* do mecanismo do governo, isto é, não é possível remontar ao tempo da origem da sociedade civil (porque os selvagens não fazem registro algum de sua sujeição à lei; além disso, já podemos depreender da natureza dos homens não civilizados que foram originalmente submetidos a ela pela força). É condenável, todavia, empreender tal investigação com o objetivo de possivelmente alterar pela força a constituição atualmente existente, pois esta transformação teria que ocorrer através do povo atuando como uma turba, não pela legislação; mas a insurreição numa constituição que já existe subverte todas as relações jurídicas civis e, portanto, todo direito, isto é, não se trata de uma alteração da constituição civil, mas de sua dissolução. A transição para uma constituição melhor não é, então, uma metamorfose, mas uma palingenesia, que requer um novo contrato social sobre o qual o anterior (agora anulado) não tem efeito. Mas ainda deve ser possível, se a constituição existente não puder ser conciliada com a idéia do contrato original, que o soberano a mude de maneira a permitir que continue a existir aquela forma que é essencialmente requerida para um povo constituir um Estado. Ora, esta mudança não pode consistir no Estado reorganizando a si mesmo de uma das três formas a uma das outras duas, como, por exemplo, aristocratas em consenso para se submeterem à autocracia, ou se decidindo a se fundirem numa democracia, ou o inverso, como se coubesse ao livre arbítrio e critério do soberano a que tipo de constituição submeteria o povo. Pois mesmo que o soberano se decidisse a transformar a si mesmo numa democracia, ainda assim poderia estar causando um mal ao povo, uma vez que o próprio povo poderia abominar tal forma de governo (constituição) e julgar uma das outras formas mais vantajosa para si.

As diferentes formas de Estado são apenas a *letra* (*littera*) da legislação original na condição civil, e podem, portanto, subsistir enquanto são mantidas, por força do velho costume há muito existente (e assim apenas subjetivamente) pertencendo necessariamente ao mecanismo da constituição. Mas o *espírito* do contrato original (*anima pacti originarii*) envolve uma obrigação por parte da autoridade constituinte de tornar o *tipo de governo* ajustado à idéia do contrato original. Conseqüentemente, se isso não puder ser realizado imediatamente, constitui obrigação mudar o tipo de governo gradual e continuamente, de modo que se harmonize *no seu efeito* com a única constituição que se coadune com o direito, nomeadamente, aquela de uma pura república, de tal modo que as velhas formas estatutórias (empíricas), que serviram apenas para produzir a *submissão* do povo, sejam substituídas pela forma original (racional), a única forma que faz da *liberdade* o princípio e, realmente, a condição para qualquer exercício de *coerção*, como é requerido por uma constituição jurídica de Estado no estrito sentido da palavra. Somente ela conduzirá finalmente ao que é literalmente um Estado. É a única constituição de Estado que dura, a constituição na qual a própria *lei* governa e não depende de nenhuma pessoa privada. É o objetivo final de todo direito público, a única condição na qual a cada um pode ser destinado *definitivamente* o que é seu; por outro lado, enquanto se supor que aquelas outras formas de Estado representam literalmente *tantas* pessoas morais distintas investidas de autoridade suprema, nenhuma condição absolutamente jurídica de sociedade civil poderá ser reconhecida, mas tão-só nela o direito *provisório*.

Qualquer república genuína é e só pode ser um *sistema representativo* do povo, visando a proteger seus direitos em seu nome, pela união de todos os cidadãos e atuando através de seus delegados (deputados). Mas tão logo uma pessoa que é chefe de Estado (quer seja um rei, a nobreza ou o todo da população, a união democrática) também se permite ser representada, então o povo unido não *representa* meramente o soberano: é o próprio soberano, pois nele (o povo) é originalmente encontrada a suprema autoridade da qual todos os direitos dos indivíduos como meros súditos (e, em todo caso, como funcionários do Estado) têm que ser derivados; e uma república, uma vez estabelecida, não precisa mais deixar as rédeas do governo saírem de suas mãos e devolvê-las àqueles que antes as empunhavam e poderiam, novamente, anular todas as novas instituições através de escolha absoluta.

INTRODUÇÃO AO ESTUDO DO DIREITO • DOUTRINA DO DIREITO

A DOUTRINA UNIVERSAL DO DIREITO – DIREITO PÚBLICO

Um governante poderoso no nosso tempo,[112] assim, cometeu um erro muito sério de julgamento quando, para desenredar-se do embaraço de grandes dívidas do Estado, deixou-o ao povo para que este assumisse o ônus sobre seus ombros e o distribuísse como julgasse apropriado, pois então o poder legislativo naturalmente veio para as mãos do povo, não só relativamente à cobrança de impostos dos súditos, como também relativamente ao governo, a saber, para impedir que este incorresse em novas dívidas devido às extravagâncias ou à guerra. A conseqüência foi que a soberania do monarca desapareceu completamente (não foi meramente suspensa) e passou para o povo, a cuja vontade legislativa os pertences de todos os súditos ficaram submetidos. Tampouco pode ser dito que neste caso é preciso assumir uma promessa tácita, porém ainda contratual, da Assembléia Nacional de não fazer de si mesma o soberano, mas apenas administrar esses negócios do soberano e, o tendo realizado, devolver as rédeas do governo às mãos do monarca, pois um tal contrato é em si mesmo nulo e sem validade. O direito de legislação suprema numa coisa pública não é um direito alienável, mas o mais pessoal de todos os direitos. Todo aquele que o possui pode controlar o povo somente através da vontade coletiva do povo; não pode controlar a própria vontade coletiva, que é a causa primária de qualquer contrato público. Um contrato que impusesse obrigação ao povo de devolver sua autoridade não seria incumbência do povo como o poder legislativo, e, no entanto, ainda exerceria obrigatoriedade sobre ele. E isto é uma contradição em consonância com a proposição "Ninguém pode servir a dois senhores."[113]

Seção II
DIREITO DAS GENTES

§ 53

Como nativos de um país, os seres humanos que constituem uma nação podem ser encarados analogamente a descendentes dos mesmos *ancestrais (congeniti)*, ainda que não o sejam. Todavia, num sentido

---

112. Kant se refere a Luís XVI e ao fato deste ter apelado em 1789 para a legislatura francesa até então ainda vigente, convocando os representantes das três classes, a saber, o clero, a nobreza e a burguesia. Esta reunião se transformou na Assembléia Nacional, que como Assembléia Constituinte, sob os efeitos derradeiros da Revolução Francesa e no funeral da monarquia, adotou uma nova constituição, a republicana, em 1791. (n.t.)

113. Evangelhos de Mateus (6:24) e Lucas (16:3). (n.t.)

intelectual e da perspectiva dos direitos, uma vez que nascem da mesma mãe (a república), eles constituem, por assim dizer, uma família (*gens, natio*) cujos membros (cidadãos do Estado) são igualmente de nobre nascimento e não se misturam com aqueles que possam viver próximos a eles num estado de natureza e que consideram como inferiores; estes últimos (os selvagens), contudo, de sua parte se consideram superiores por causa da liberdade sem lei que escolheram, a despeito de não constituírem Estados, mas apenas tribos. O direito dos *Estados* na sua relação recíproca (o que em alemão é denominado, de forma não inteiramente correta, *direito das gentes,*[114] mas que deveria, ao invés disso, ser denominado direito dos Estados, *ius publicum civitatum*) é o que temos de examinar sob o título *direito das gentes.* Neste caso, um Estado, como uma pessoa moral, é considerado como vivendo em relação com um outro Estado na condição de liberdade natural e, portanto, numa condição de guerra constante. Os direitos dos Estados consistem, por conseguinte, em parte em seu direito de *ir* à guerra, em parte em seu direito *na* guerra e em parte em seu direito de se constrangerem mutuamente a abandonar esse estado de guerra e, assim, formar uma constituição que estabelecerá paz duradoura, isto é, seu direito *após* a guerra. Neste problema, a única diferença entre o estado de natureza de indivíduos humanos e de famílias (na sua mútua relação) e aquele das gentes é que no direito das gentes temos que levar em consideração não apenas a relação de um Estado com um outro como um todo, mas também a relação de pessoas individuais de um Estado com os indivíduos de um outro, bem como com um outro Estado como um todo. Mas esta diferença a partir dos direitos de indivíduos num estado de natureza torna necessário examinar somente os aspectos possíveis de serem prontamente inferidos do conceito de um estado de natureza.

§ 54

Os elementos do direito das gentes são os seguintes: 1. Estados, considerados na sua relação entre si, estão (como selvagens sem lei) por natureza numa condição não-jurídica. 2. Esta condição não-jurídica é uma *condição* de guerra (do direito do mais forte), mesmo que não seja uma condição de guerra real e ataques reais constantemente realizados (hostilidades). Embora nenhum Estado seja prejudicado por outro nessa condição (na medida em que nenhum dos dois deseja qualquer outra

---

114. *Völkerrecht.* (n.t.)

INTRODUÇÃO AO ESTUDO DO DIREITO • DOUTRINA DO DIREITO 157
A DOUTRINA UNIVERSAL DO DIREITO – DIREITO PÚBLICO EDIPRO

coisa melhor), ainda assim esta condição é em si mesma de qualquer modo danosa no mais alto grau e Estados que são vizinhos estão obrigados a abandoná-la. 3. Uma liga de nações de acordo com a idéia de um contrato social original é necessária, não para que haja intromissão mútua nos desentendimentos intestinos de cada nação, mas para proteção contra ataques externos. 4. Esta aliança deve, entretanto, não envolver nenhuma autoridade soberana (como numa constituição civil), porém somente uma *associação* (federação); tem que ser uma aliança que possa ser dissolvida a qualquer momento e, assim, precisa ser renovada de tempos a tempos. Trata-se de um direito *in subsidium* de um outro direito original, a fim de evitar o envolvimento num estado de guerra real entre os outros membros (*foedus Amphictyonum*).[115]

§ 55

Quanto ao direito original que Estados livres têm num estado de natureza de irem à guerra entre si (para, talvez, estabelecer uma condição mais estreitamente próxima de uma condição jurídica), a primeira questão que surge é: que direito tem um Estado, *relativamente aos seus próprios súditos,* de os usar na guerra contra outros Estados, de despender seus bens e mesmo suas vidas nela, ou os expor ao risco, de tal modo que o fato de irem à guerra não depende de sua própria opinião, mas podendo eles ser a ela enviados pelo supremo comando do soberano?

Pareceria que esse direito pode ser facilmente demonstrado, a saber, do direito de fazer o que se queira com o que pertence a si (a propriedade). Qualquer pessoa detém propriedade incontestável sobre algo cuja substância ela própria *produziu.* O que se segue, então, é a dedução que um simples jurista faria.

Há *vários produtos* naturais num país que devem ainda ser considerados *artefatos* (*artefacta*) do Estado, na medida em que esteja envolvida a *abundância* de produtos naturais de um certo tipo, posto que o país não os teria produzido em tal abundância se não tivesse havido um Estado e um governo ordenado e poderoso, mas estivessem os habitantes num estado de natureza. Seja por falta de alimento ou devido à presença de animais predadores no país em que vivo, galinhas (o mais útil tipo de ave), ovinos, suínos, gado e assim por diante, ou não existiriam de modo algum ou, na

---

115. Anfictionia (Αμφικτυονια), liga ou confederação de Estados gregos para a defesa temporária contra um inimigo comum. (n.t.)

melhor das hipóteses, seriam escassos, a menos que houvesse um governo nesse país providenciando a segurança das aquisições e posses dos habitantes. Isto é aplicável também à população humana, que só pode ser pequena, como é nas regiões ermas americanas, mesmo se atribuirmos a estas pessoas a maior atividade (coisa que não exibem). Os habitantes seriam muito escassos, uma vez que não poderiam levar seus serviçais e se disseminarem numa terra sempre ameaçada pelo perigo de ser tornada estéril pelos homens ou por animais selvagens e predadores. Não haveria, portanto, sustento adequado para esta multidão de seres humanos que ora vivem num país. Ora, tal como dizemos que já que vegetais (por exemplo, batatas) e animais domésticos são, no que toca à sua copiosidade, um *produto* humano que ele pode utilizar, consumir e destruir (matar), parece que também podemos afirmar, visto que a maioria de seus súditos são seu próprio produto, que a suprema autoridade no Estado, o soberano, tem o direito de conduzi-los à guerra como os conduziria a uma caçada e a batalhas como a uma viagem de recreio.

Embora tal argumento a favor desse direito (que pode muito bem estar obscuramente presente na mente do monarca) seja válido relativamente a animais, que podem ser a *propriedade* de alguém, simplesmente não pode ser aplicado a seres humanos, especialmente na qualidade de cidadãos de um Estado, pois estes têm sempre que ser considerados como membros co-legisladores de um Estado (não meramente como meios, mas também como fins em si mesmos) e devem, por conseguinte, oferecer seu livre assentimento através de seus representantes, não só ao guerrear em geral, como também a cada declaração particular de guerra. Será somente sob esta condição limitadora que poderá o Estado dirigi-los a um serviço repleto de perigos.

Teremos, portanto, que fazer originar este direito do *dever* do soberano com o povo (e não o inverso); e para o possibilitarmos, ter-se-á que conceber que o povo dá um voto para ir à guerra. Nesta qualidade ele é, ainda que passivo (ao deixar-se dispor de si mesmo), também ativo e representa o próprio soberano.

§ 56

No estado de natureza entre os Estados, o *direito de ir à guerra* (envolver-se em hostilidades) constitui a maneira pela qual se permite a um Estado exercer seu direito contra um outro Estado, a saber, mediante sua própria *força*, quando crê ter sido prejudicado pelo outro Estado, pois isso não pode ser feito no estado de natureza por meio de um processo o único meio pelo qual os litígios são resolvidos numa condição jurídica). Além das violações ativas (primeira agressão, que não é o mesmo que primeira hostilidade) ele pode ser *ameaçado*. Isso inclui um outro Estado sendo o primeiro a empreender *preparações*, no que está baseado o direito de *prevenção* (*ius praeventionis*) ou até mesmo simplesmente o aumento de ameaça da *potência* de um outro Estado (por sua aquisição de território) (*potentia tremenda*). Isto constitui uma lesão à potência inferior meramente pela *condição* da *potência superior*, antes de qualquer ato de sua parte, e no estado de natureza um ataque pela potência inferior é realmente legítimo. Conseqüentemente, isso constitui também a base do direito a um equilíbrio de poder entre todos os Estados que estão contíguos e que poderiam empreender ações entre si.

Quanto às violações ativas, que conferem um *direito de ir à guerra*, incluem *atos de retaliação* (*retorsio*), um Estado tomando sobre si mesmo a obtenção de satisfação por uma ofensa cometida contra seu povo pelo povo de um outro Estado, em lugar de buscar compensação (por meios pacíficos) do outro Estado. Do ponto de vista das formalidades, isso se afigura a iniciar uma guerra sem, primeiramente, renunciar à paz (sem uma *declaração de guerra*), pois se um deseja descobrir um direito numa condição de guerra, algo semelhante a um contrato tem que ser assumido, nomeadamente, a *aceitação* da declaração da outra parte de que ambas querem buscar seu direito dessa forma.

§ 57

A maior dificuldade no direito das gentes diz respeito precisamente ao direito durante uma guerra; é difícil até mesmo formar um conceito disso ou pensar em lei nesse estado sem lei sem contradizer a si mesmo (*inter arma silent leges*).[116] O direito durante a guerra teria que ser, então, o travar a guerra de acordo com princípios que deixam sempre em aberto a possibilidade de abandonar o estado de natureza entre os Estados (na sua relação externa entre si) e ingressar numa condição jurídica.

Nenhuma guerra de Estados independentes entre si pode ser uma *guerra punitiva* (*bellum punitivum*), uma vez que a punição ocorre somente na relação de um superior (*imperantis*) aos que estão a ele submetidos (*subditum*) e os Estados não se mantêm nesta relação entre si; nem, tampouco, pode qualquer guerra ser ou uma *guerra de extermínio* (*bellum internecinum*) ou de *subjugação* (*bellum subiugatorium*), o que seria

---

116. Kant cita Cícero no *Pro Milone*, IV, 10: Durante o combate as leis silenciam. (n.t.)

a aniquilação moral de um Estado (cujo povo ou se fundiria numa massa com o do conquistador ou seria reduzido à servidão). A razão de não poder haver uma guerra de subjugação não é que essa medida extrema, que poderia ser utilizada por um Estado para lograr uma condição de paz, contradiria em si mesma o direito de um Estado; é, diferentemente disso, que a idéia do direito das gentes envolve somente o conceito de antagonismo em conformidade com princípios de liberdade externa segundo os quais cada um é capaz de preservar o que lhe pertence, mas não uma maneira de adquirir, pelo que o aumento de poder de um Estado pudesse ameaçar os outros.

A um Estado contra o qual uma guerra está sendo travada é permitido o uso de quaisquer meios de defesa, salvo os que tornariam os seus súditos inaptos a serem cidadãos, pois ele tornaria então também a si mesmo inapto para se qualificar, de acordo com o direito das gentes, como uma pessoa na relação dos Estados (como um que gozaria dos mesmos direitos dos demais). Meios de defesa não permitidos incluem: o uso dos próprios súditos como espiões; o uso deles ou mesmo de estrangeiros como assassinos ou envenenadores (entre os quais estariam classificados os chamados franco-atiradores, que aguardam escondidos a fim de emboscar os indivíduos); ou o uso deles simplesmente para espalhar falsas notícias, numa palavra, o uso de meios desleais que destruiriam a confiança necessária ao estabelecimento de uma paz duradoura no futuro.

Na guerra é permissível cobrar provisões e contribuições de um inimigo vencido, mas não saquear o povo, ou seja, não forçar as pessoas individuais a abrir mão de seus pertences (uma vez que isso seria roubo visto não ter sido o povo conquistado aquele que travou a guerra; pelo contrário, foi o Estado, sob cujo governo vivia, que travou a guerra *através do povo*). Em lugar disso, devem ser emitidos recibos para tudo que seja requisitado, para que na paz que se segue a carga imposta ao país ou à província possa ser dividida proporcionalmente.

§ 58

O direito do Estado *após uma guerra*, quer dizer, por ocasião do tratado de paz e tendo em vista suas conseqüências, consiste no seguinte: o vencedor estabelece as condições com base nas quais chegará a um acordo com o vencido e mantém *negociações* para a conclusão da paz. O vencedor não o faz a partir de qualquer direito do qual se pretenda detentor devido ao prejuízo que se supõe ter seu oponente lhe causado; ao invés disto, ele dá esta questão por encerrada e se fia em sua própria força. Deste modo, não é facultado ao vencedor propor indenizações em função dos custos da guerra, uma vez que neste caso teria que admitir que seu oponente lutara uma guerra injusta; e ainda que pudesse cogitar deste argumento, prossegue impossibilitado de utilizar o mesmo, já que então estaria dizendo que estivera travando uma guerra punitiva e assim, de sua própria parte, cometendo uma ofensa contra o vencido. Os direitos pós-guerra incluem também o de troca de prisioneiros (sem pagamento de resgate), sem se considerar o fato de seu número ser igual.

O Estado vencido ou seus súditos não perdem sua liberdade civil com a conquista de seu país, de sorte que o Estado fosse reduzido degradantemente a uma colônia e seus súditos a escravos, pois se assim fosse feito a guerra teria sido uma *guerra punitiva*, o que é contraditório. Uma *colônia* ou província é um povo que, de fato, possui sua própria constituição, sua própria legislação e sua própria terra, sobre a qual aqueles que pertencem a um outro Estado são apenas estrangeiros, ainda que este outro Estado detenha supremo poder executivo sobre a colônia ou província. O Estado detentor deste poder executivo é chamado de *metrópole*[117] e o Estado-colônia,[118] embora governado por ela, ainda assim governa a si mesmo (através de seu próprio parlamento, possivelmente com um vice-rei o presidindo) (*civitas hybrida*). Esta era a relação que Atenas tinha com várias ilhas e que a Grã-Bretanha agora tem com a Irlanda.

Menos ainda pode a *escravidão* e a legitimidade desta serem deduzidas do fato de um povo ser subjugado na guerra, uma vez que para isso seria necessário admitir que uma guerra pudesse ser punitiva. Menos do que todas as demais pode a escravidão hereditária disso resultar. A escravidão hereditária como tal é absurda, posto que a culpa do crime de alguém não pode ser herdada.

O conceito de tratado de paz já encerra a disposição de que a *anistia* o acompanha.

§ 59

O direito à paz é 1. o direito de estar em paz quando acontece uma guerra nas vizinhanças ou o direito à *neutralidade*; 2. o direito de ser assegurado quanto à continuidade de uma paz que fora concluída, ou

---

117. Ou Estado-matriz (*Mutterstaat*). (n.t.)
118. *Tochterstaat*. (n.t.)

seja, o direito de uma *garantia*; 3. o direito a uma *aliança* (confederação) de vários Estados para sua *defesa* comum contra quaisquer agressões externas ou internas, porém não uma liga objetivando o ataque a outros Estados e a anexação de território.

§ 60

Não há limites para os direitos de um Estado contra um *inimigo injusto* (nenhum limite no que toca à quantidade ou grau, ainda que haja limites no que tange à qualidade); quer dizer, um Estado agredido pode não usar *quaisquer* meios *indiscriminadamente*, mas pode usar os meios que são permissíveis a qualquer grau em que esteja capacitado, visando a conservar o que lhe pertence. Mas o que é um *inimigo injusto,* do ponto de vista dos conceitos do direito das gentes no qual – tal como é o caso em um estado de natureza em geral – cada Estado é juiz em seu próprio caso? É um inimigo cuja vontade publicamente expressa (pela palavra ou pela ação) revela uma máxima segundo a qual, se fosse constituída uma regra universal, qualquer condição de paz entre as nações seria impossível e, pelo contrário, seria perpetuado um estado de natureza. A violação de contratos públicos constitui uma expressão desta espécie. Uma vez que se pode supor ser isso um assunto de preocupação de todas as nações cuja liberdade é por ela ameaçada, são elas convocadas para se unirem contra tal conduta indevida, a fim de privar o Estado do seu poder de produzi-la. Mas não são convocadas *para dividir seu território entre elas próprias* e fazer o Estado, por assim dizer, sumir da Terra, posto ser isso uma injustiça contra seu povo, o qual não pode perder seu direito original de associar-se numa *coisa comum,* embora se possa fazer com que ele adote uma nova constituição que, por sua natureza, será desfavorável ao pendor para a guerra.

É, entretanto, *redundante* falar de um inimigo injusto num estado de natureza porque um estado de natureza é ele mesmo uma condição de injustiça. O inimigo justo seria aquele ao qual eu estaria causando dano através da resistência – mas neste caso ele também não seria meu inimigo.

§ 61

Uma vez que o estado de natureza entre as nações, como o estado de natureza entre seres humanos individuais, é uma condição que se deve abandonar a fim de ingressar-se numa condição legal, antes que isso aconteça, quaisquer direitos das gentes, e qualquer coisa externa que seja minha ou tua que os Estados possam adquirir ou reter pela guerra, são tão-só *provisórios*. Somente numa *associação* universal de Estados (análoga àquela pela qual um povo se transforma num Estado) poderão os direitos vir a ter validade *definitivamente* e surgir uma efetiva *condição de paz*. Porém, se um tal Estado constituído por nações se estendesse demasiado longe sobre vastas regiões, governar esse Estado e, assim, também proteger cada um de seus membros acabaria por se tornar impossível, enquanto várias corporações desse jaez novamente gerariam um estado de guerra. Desta forma, a *paz perpétua*,[119] meta final de todo o direito das gentes, é, com efeito, uma idéia inatingível. Contudo, os princípios políticos dirigidos à paz perpétua, do ingresso em tais alianças dos Estados, que servem para a contínua *aproximação* dessa paz, não são inatingíveis. Pelo contrário, visto que a aproximação contínua dela constitui uma tarefa fundada no dever e, por conseguinte, no direito dos seres humanos e dos Estados, isso pode certamente ser atingido.

Tal *associação* de diversos *Estados* com o propósito de preservar a paz pode ser chamada de um *congresso permanente de Estados*, ao qual todo Estado vizinho está livre para juntar-se. Algo semelhante a isso sucedeu (ao menos no que respeita às formalidades do direito das gentes, com o objetivo da manutenção da paz), na primeira metade do século atual[120] na assembléia dos *Estados Gerais* em Haia. Os ministros da maioria das cortes européias, e mesmo das menores repúblicas, apresentaram suas queixas a respeito de ataques empreendidos contra um deles por um outro. Desta maneira, cogitaram da Europa inteira como um único Estado confederado que aceitavam como árbitro, por assim dizer, em suas disputas públicas. Mas posteriormente, ao invés disto, o direito das gentes sobreviveu somente em livros; desapareceu dos gabinetes ou então, após já se ter empregado a força, foi relegado sob a forma de dedução à obscuridade dos arquivos.

Entende-se aqui por *congresso* tão-somente uma coalizão voluntária de diferentes Estados que pode ser *dissolvida* a qualquer tempo, e não uma união (como aquela dos Estados norte-americanos) que é baseada numa constituição e é, por conseguinte, indissolúvel. É somente através de um tal congresso que a idéia de um direito público das gentes é exeqüível, direito a ser instaurado para a decisão de suas lides de uma maneira civil, como por meio de um processo, e não de uma maneira bárbara (a maneira dos selvagens), a saber, pela guerra.

---

119. ...*ewige Friede*... Ver *Da paz perpétua* de Kant. (n.t.)
120. Século XVIII. (n.t.)

Seção III
DIREITO COSMOPOLITA

§ 62

Esta idéia racional de uma comunidade universal *pacífica*, ainda que não amigável, de todas as nações da Terra que possam entreter relações que as afetam mutuamente, não é um princípio filantrópico (ético), mas um princípio *jurídico*. A natureza as circunscreveu a todas conjuntamente dentro de certos limites (pelo formato esférico do lugar onde vivem, o *globus terraqueus*). E uma vez que a posse da terra, sobre a qual pode viver um habitante da Terra, só é pensável como posse de uma parte de um determinado todo, e assim na qualidade de posse daquilo a que cada um deles originalmente tem um direito, segue-se que todas as nações *originalmente* se acham numa comunidade do solo, embora não numa comunidade *jurídica* de posse (*communio*) e, assim, de uso dele, ou de propriedade nele; ao contrário, acham-se numa comunidade de possível *interação* física (*commercium*), isto é, numa relação universal de cada uma com todas as demais de *se oferecer para devotar-se ao comércio* com qualquer outra, e cada uma tem o direito de fazer esta tentativa, sem que a outra fique autorizada a comportar-se em relação a ela como um inimigo por ter ela feito essa tentativa. Esse direito, uma vez que tem a ver com a possível união de todas as nações com vistas a certas leis universais para o possível comércio entre elas, pode ser chamado de *direito cosmopolita* (*ius cosmopoliticum*).

Ainda que possa parecer que os mares subtraiam às nações o formarem uma comunidade entre si, é a disposição da natureza que mais favorece o seu comércio por meio da navegação; e quanto mais *costas* tiverem essas nações nas suas imediações (como no Mediterrâneo), mais intenso pode ser seu comércio. Todavia, o visitar essas costas e, principalmente, os estabelecimentos instalados para ulterior conexão à metrópole, ensejam problemas e atos de violência num determinado ponto do globo, de sorte a ter repercussão em todo o globo. A despeito desse possível inconveniente, não pode ser suprimido o direito dos cidadãos do mundo de *procurar* estabelecer relações comuns com todos e, para tanto, *visitar* todas as regiões da Terra. Não se trata, contudo, de um direito de *estabelecer uma colônia* no território de uma outra nação (*ius incolatus*), posto que para isso é necessário um contrato específico.

Mas aqui assoma a questão: em terras recentemente descobertas, pode uma nação *instalar-se* para aí habitar a título de vizinho (*accolatus*), apoderando-se das terras de um povo das vizinhanças que já tenha se instalado na região e o subjugando, mesmo sem o seu assentimento?

Se a nação instalar-se tão longe de onde reside tal povo, que não haja nenhuma invasão de sua terra visando ao seu uso, o direito de estabelecimento não é contestável. Mas se esses povos são pastores ou caçadores (como os hotentotes, os tongos ou a maioria das nações indígenas americanas) que, para seu sustento, dependem de vastas regiões abertas, essa instalação não pode ocorrer mediante a força, mas somente mediante contrato e, na verdade, por um contrato que não tira vantagem da ignorância desses habitantes com respeito à cessão de suas terras. Isso é verdadeiro, a despeito do fato de se contemplar suficientes razões especiais que justificassem o uso da força, quais sejam, que é para o proveito mundial, em parte porque esses povos rudes se tornarão civilizados (semelhante ao pretexto mediante o qual mesmo Büsching[121] procura desculpar a sanguinária introdução do cristianismo na Alemanha), e em parte porque o próprio país de alguém será depurado de seres humanos corruptos, e eles ou seus descendentes se tornarão melhores, espera-se, numa outra parte do mundo (tal como a Nova Holanda). Mas todas estas pretensas boas intenções são incapazes de limpar a mácula da injustiça presente nos meios que utilizam em nome de tais intenções. Alguém pode retrucar que tais escrúpulos quanto a usar força no início, a fim de instaurar uma condição legal, poderia muito bem significar que toda a Terra estaria ainda numa condição sem lei. Porém, esta consideração não é mais capaz de eliminar aquela condição de direito, do que o é o pretexto de revolucionários no seio de um Estado, de que quando as constituições são más, cabe ao povo remoldá-las mediante a força e ser injusto de uma vez por todas, de modo que posteriormente possam estabelecer a justiça com toda a segurança e produzir seu florescimento.

CONCLUSÃO

Se alguém não for capaz de provar que uma coisa é, pode tentar provar que ela não é. Se (como ocorre com freqüência) não consegue

---

121. Anton Friedrich Büsching (1724 – 1793), famoso teólogo e geógrafo contemporâneo de Kant. (n.t.)

obter êxito numa tarefa ou outra, pode ainda indagar se tem algum *interesse* em assumir uma ou outra dessas posições (a título de hipótese), ou de um ponto de vista teórico ou de um ponto de vista prático. Adota-se uma hipótese de um prisma teórico simplesmente visando a explicar um certo fenômeno (à guisa de exemplo, para os astrônomos, o movimento retrógrado e o estado estacionário dos planetas). Uma hipótese é adotada sob um prisma prático visando a atingir um certo fim, o qual pode ser um fim *pragmático* (um fim meramente técnico) ou um fim *moral*, ou seja, um fim tal que a máxima de sua adoção é, ela mesma, um dever. Ora, é evidente que o que seria transformado em nosso dever nesse caso não é a *suposição* (*suppositio*) de que esse fim pode ser realizado, o que seria um julgamento a respeito dele meramente teórico e, ademais, problemático, uma vez que não pode haver nenhuma obrigação em o fazer (crer em algo). O que nos cabe como um dever é, pelo contrário, agir de conformidade com a idéia desse fim, mesmo que não haja a mais ínfima probabilidade teórica de que possa ser realizado, na medida em que tampouco sua impossibilidade é demonstrável.

Ora, a razão moralmente prática pronuncia em nós seu *veto* irresistível: *não deve haver guerra alguma*, nem guerra entre tu e eu no estado de natureza, nem guerra entre nós como Estados, os quais, ainda que internamente numa condição legal, persistem externamente (na sua relação recíproca) numa condição ilegal, pois a guerra não constitui o modo no qual todos deveriam buscar seus direitos. Assim, a questão não é mais se a paz perpétua é algo real ou uma ficção, e se não estamos enganando a nós mesmos em nosso julgamento teórico quando supomos que é real. Ao contrário, temos que agir como se fosse algo real, a despeito de talvez não o ser; temos que trabalhar no sentido de estabelecer a paz perpétua e o tipo de constituição que nos pareça a que mais abra caminho para ela (digamos, um republicanismo de todos os Estados, conjunta e separadamente), a fim de instaurar a paz perpétua e colocar um fim à infame ação bélica, para o que, como seu principal objetivo, todos os Estados, sem exceção, têm até aqui dirigido seus arranjos internos. E mesmo que a cabal realização desse objetivo se mantiver sempre como uma aspiração piedosa, não estaremos certamente enganando a nós mesmos ao adotar a máxima de nos empenharmos incessantemente na sua direção, pois este é o nosso dever, e admitir que a lei moral dentro de nós é ela própria enganosa faria nascer em nós o desejo, que suscita nossa abominação, de preferirmos nos livrar de toda razão e nos encararmos como lançados por nossos próprios princípios ao mesmo mecanismo da natureza de todas as demais espécies animais.

Pode-se afirmar que estabelecer a paz universal e duradoura constitui não apenas uma parte da doutrina do direito, mas todo o propósito final da doutrina do direito dentro dos limites exclusivos da razão, pois a condição de paz é a única condição na qual o que é meu e o que é teu estão assegurados sob as *leis* a uma multidão de *seres* humanos que vivem próximos uns dos outros *e*, portanto, submetidos a uma constituição. Mas a regra para esta constituição, na qualidade de uma norma para outros, não pode ser extraída da experiência dos que até agora a descobriram maximamente para sua vantagem; deve, pelo contrário, ser deduzida *a priori* mediante a razão do ideal de uma associação jurídica de seres humanos submetidos a leis públicas gerais. Isto porque todos os exemplos (que se limitam a ilustrar, mas são incapazes de provar qualquer coisa) são falaciosos, de sorte a exigirem, por certo, uma metafísica. Mesmo aqueles que ridicularizam a metafísica reconhecem sua necessidade, ainda que negligentemente, ao dizerem, por exemplo, como amiúde o fazem: "a melhor constituição é aquela na qual o poder pertence não aos homens, mas às leis." Afinal, o que pode ser mais metafisicamente sublimado do que exatamente essa idéia, que mesmo conforme a própria asserção deles detém a mais confirmada realidade objetiva, como pode também ser facilmente demonstrado em casos que efetivamente ocorrem? A tentativa de realizar essa idéia não deveria ser levada a cabo por meio de revolução, por um salto, ou seja, pela deposição violenta de uma constituição falha já existente (pois haveria então um momento interveniente no qual toda condição jurídica seria aniquilada). Mas se essa tentativa for realizada por meio de reforma paulatina, fundada em princípios sólidos, poderá conduzir a uma aproximação contínua do mais elevado bem político, da paz perpétua.

Apêndice
Observações Explicitativas sobre os Primeiros Princípios Metafísicos da Doutrina do Direito

Aproveito o ensejo para estas observações principalmente em função da resenha deste livro no *Jornal de Göttingen* (n° 28, de 18 de fevereiro de 1797). Nessa resenha, a obra foi examinada com discernimento e rigor, mas também com apreço e a "esperança de que estes primeiros princípios serão um ganho duradouro para a ciência." Utilizarei esta resenha como um guia para minha apreciação, bem como para uma certa elaboração desse sistema.[122]

Meu hábil crítico atua como tal quanto a uma definição logo no início da *Introdução à Doutrina do Direito*. O que se quer dizer com faculdade do desejo? É, diz o texto, a faculdade de ser, por meio das suas representações, a causa dos objetos dessas representações. A esta explicação ele objeta "que ela passa a nada ser logo que se abstrai das condições *externas* do resultado do desejo. Mas a faculdade do desejo é alguma coisa mesmo para um idealista, ainda que o mundo externo nada seja para ele." *Respondo*: mas não há também anseios intensos, embora

---

122. Este apêndice foi introduzido na edição de 1798 da *Doutrina do Direito*, tendo sido motivado por uma crítica feita por Friedrich Bouterwek no jornal mencionado acima por Kant. É de se advertir que as citações efetuadas por Kant nem sempre são *in verbis*. (n.t.)

ainda conscientemente fúteis (por exemplo, quisesse Deus que aquele homem continuasse vivo!), que são *destituídos de qualquer ato*, mas não *destituídos de qualquer resultado*, uma vez que ainda atuarão poderosamente dentro do próprio sujeito (o tornar doente), embora não sobre coisas externas? Um desejo, como *empenho (nisus)* para ser uma *causa* por meio das representações de alguém, persiste sendo sempre causalidade, ao menos no interior do sujeito, mesmo quando ele contempla a inadequação de suas representações para o efeito que ele tem em vista. A incompreensão aqui redunda no seguinte: que uma vez que a consciência da faculdade de alguém *em geral* é (no caso mencionado) também consciência da sua *não-faculdade* com respeito ao mundo externo, a definição não é aplicável a um idealista. Entretanto, visto que tudo que está em questão aqui é a relação de uma causa (uma representação) com um efeito (um sentimento) em geral, a causalidade de uma representação (seja a causalidade externa ou interna) relativamente ao seu objeto tem que ser inevitavelmente pensada no conceito da faculdade do desejo.

1. Preparação lógica para um conceito de direito recentemente proposto

Se filósofos versados em direito quiserem ascender ou aventurar-se por todo o caminho até os primeiros princípios metafísicos da doutrina do direito (sem o que toda a sua ciência jurídica seria simplesmente estatutória), não poderão ser indiferentes à certeza da completitude de sua *divisão* dos conceitos jurídicos, posto que de outra maneira aquela ciência não seria um *sistema racional*, não passando de um agregado apressadamente coligido. A favor da forma do sistema, o *tópico* dos princípios tem que ser completo, isto é, o *lugar* para um conceito (*locus communis*) deve ser indicado, o lugar que é franqueado para esse conceito pela forma sintética da divisão. Posteriormente, pode-se também indicar que um ou outro conceito que poderia ser colocado nesse lugar seria contraditório e é deslocado desse lugar.

Até agora os juristas têm admitido dois lugares comuns: o de um direito a *coisas* e o de um direito relativamente a *pessoas*. Pela mera forma de fundir esses dois conceitos em um, mais dois lugares são franqueados para conceitos, como membros de uma divisão *a priori*: o de um direito a uma coisa aparentado a um direito relativamente a uma pessoa e o de um direito relativamente a uma pessoa aparentado a um direito a uma coisa. É, portanto, natural perguntar se temos que acrescentar um tal conceito novo e se devemos fazê-lo constar na completa tabela de divisão, mesmo se for apenas problemático. Não resta dúvida ser este o caso, uma vez que uma divisão meramente lógica (que faz abstração do conteúdo de conhecimento – do objeto) é sempre uma *dicotomia*, por exemplo, qualquer direito ou é um direito a uma coisa ou não um direito a uma coisa. Mas a divisão em pauta aqui, nomeadamente a divisão metafísica, poderia também ser uma divisão quádrupla, pois ao lado dos dois membros simples da divisão, duas outras relações poderiam ser adicionadas, a saber, aquelas das condições que limitam um direito, nas quais um direito compõe uma combinação com o outro. Esta possibilidade requer maior exame. O conceito de um *direito a uma coisa aparentado a um direito relativamente a uma pessoa* é descartado sem esforço adicional, uma vez que nenhum direito de uma *coisa* relativamente a uma *pessoa* é concebível. Ora, a questão é se o inverso desta relação é exatamente tão inconcebível ou se esse conceito, a saber, o de um *direito relativamente a uma pessoa aparentado a um direito a uma coisa*, é um conceito que não apenas encerra qualquer contradição, como também pertence necessariamente (como dado *a priori* na razão) ao conceito do que é externamente meu ou teu, o de não *tratar* pessoas de maneira semelhante a *coisas* em todos os aspectos, mas ainda de *possuí-las* como coisas e com elas lidar como coisas em múltiplas relações.

2. Justificação do conceito do direito relativamente a uma pessoa aparentado ao direito a uma coisa

Formulada de modo breve e satisfatório, a definição de um direito relativamente a uma pessoa aparentado a um direito a uma coisa é esta: "É o direito de um ser humano de ter uma *pessoa* distinta de si mesmo como sua."[123] Tomo o cuidado de dizer uma *pessoa*, pois embora seja verdadei-

---

123. Não digo aqui *ter uma pessoa como minha* (empregando o pronome), mas *ter uma pessoa como o que é meu* (το – *meum*, com o substantivo). Isto porque posso dizer "Este é *meu pai*", significando isso apenas minha relação física (de parentesco) com ele de uma maneira geral, por exemplo, eu *tenho* um pai; porém, não posso dizer "Eu o tenho como o *que é meu*." Entretanto, se digo "minha esposa", isso significa uma relação especial, especificamente uma relação jurídica do possuidor com um objeto como uma *coisa* (ainda que o objeto seja também uma pessoa). A posse (*posse física*), contudo, é a condição de ser capaz de *controlar* (*manipulatio*) algo como uma coisa, mesmo se isto tiver, num outro aspecto, que ser tratado simultaneamente como uma pessoa.

ro que alguém pode ter como seu um outro *ser humano* que devido ao perpetrar de um crime perdeu sua personalidade (converteu-se num escravo), esse direito a uma coisa não é o objeto de discussão aqui.

É preciso que examinemos agora se esse conceito, esse "novo fenômeno no céu jurídico", é uma *stella mirabilis*[124] (um fenômeno jamais contemplado antes, desenvolvendo-se para uma estrela de primeira magnitude, mas gradualmente desaparecendo novamente, talvez para retornar em alguma época) ou apenas uma *estrela cadente*.

3. Exemplos

Ter alguma coisa externa como sua significa possuí-la juridicamente. Mas possuir alguma coisa é a condição de ser possível o seu uso. Se esta condição é pensada como meramente física, dá-se à posse a designação de *ocupação*. Por estar eu legitimamente ocupando alguma coisa não é o bastante por si só para dizer que o objeto é meu ou para o tornar meu. Mas se estou autorizado, por qualquer razão, a insistir na ocupação de um objeto que escapou ao meu controle ou foi deste arrancado, esse conceito de direito é um *sinal* (tal como um efeito é um sinal de sua causa) de que me julgo autorizado a tratar esse objeto e o usar como *o que é meu*, e considerar a mim mesmo como também de posse inteligível dele.

O que é seu aqui não significa, com efeito, o seu no sentido de propriedade na pessoa alheia (pois um ser humano não pode possuir propriedade em si mesmo, muito menos em outra pessoa), mas significa o que é seu no sentido de usufruto (*ius utendi fruendi*), fazer uso direto de uma pessoa *como de* uma coisa, como um meio para o meu fim, porém ainda assim sem infringir sua personalidade.

Mas esse fim, como a condição sob a qual tal uso é legítimo, tem que ser moralmente necessário. Um homem não pode desejar uma mulher a fim de a *gozar* como uma coisa, ou seja, a fim de obter imediata satisfação numa relação meramente animal com ela, nem pode uma mulher entregar-se a ele para isso, sem que ambos renunciem às suas personalidades (na coabitação carnal ou bestial), isto é, isso pode ser feito somente sob a condição do *casamento*. Visto que o casamento é uma entrega recíproca da própria pessoa à posse da outra, é mister que seja *primeiramente* concluído para que nem uma nem outra seja desumanizada através do uso corporal que uma faz da outra.

---

124. Literalmente *estrela maravilhosa*, ou seja, uma supernova. (n.t.)

Independentemente dessa condição, o gozo carnal é *canibalístico* em princípio (mesmo se nem sempre em seu efeito). Quer alguma coisa seja *consumida* pela boca e os dentes, quer a mulher seja consumida pela gravidez e talvez o parto fatal resultante dela, quer o homem pelo esgotamento de sua capacidade sexual diante das freqüentes solicitações que a mulher faz dessa capacidade, toda a diferença reside no modo de gozo. Nesta espécie de uso por cada um dos órgãos sexuais do outro, cada um é realmente uma *coisa consumível* (*res fungibilis*) relativamente ao outro, de sorte que se alguém fosse converter-se a si mesmo em tal coisa por *contrato*, o contrato seria contrário à lei (*pactum turpe*).

Analogamente, um homem e uma mulher não podem gerar uma criança como seu *trabalho* conjunto (*res artificialis*) e sem que ambos incorram numa obrigação quanto à criança e um quanto ao outro no que se refere a mantê-la. Trata-se, ademais, de aquisição de um ser humano *como de* uma coisa, mas isto apenas formalmente (como é próprio a um direito a uma pessoa que é apenas aparentado a um direito a uma coisa). Pais[125] têm um direito contra todo possuidor (*ius in re*) do filho que tenha sido retirado de seu poder. Uma vez que eles têm também um direito de forçá-lo a cumprir e acatar quaisquer das suas instruções que não sejam contrárias a uma possível liberdade legal (*ius ad rem*), também detêm um direito pessoal relativamente à criança.

Finalmente, quando seu dever de sustentar seus filhos chega ao fim ao atingirem a maturidade, os pais ainda detêm o direito de os usar como membros da comunidade doméstica sujeitos à sua direção, na manutenção do lar, até que o deixem. Este é um dever dos pais relativamente a eles derivado da limitação natural do direito dos pais. Até esta oportunidade os filhos são realmente membros do lar e pertencem à *família*; mas doravante pertencerão ao *serviço* da família (*famulatus*), de sorte que o chefe da casa fica impossibilitado de os acrescentar ao que é seu (como seus serviçais), a não ser que o faça mediante contrato. Do mesmo modo, o chefe da casa pode também tornar seu o serviço daqueles *fora da família* em termos de um direito a eles aparentado a um direito a uma coisa e os adquirir como serviçais (*famulatus domesticus*) por meio de um contrato. Um tal contrato não é simplesmente um contrato de locação (*locatio conductio operae*), mas uma entrega de suas pessoas à posse do chefe da casa, um arrendamento (*locatio conductio personae*).

---

125. No alemão escrito *Ältern* significa *Seniores* e *Eltern* significa *Parentes*. Embora estas duas palavras não possam ser distinguidas na palavra falada, seus significados são muito diferentes. (*) [(*) *Seniores*: velhos; *parentes*: pais. (n.t.)].

O que distingue este contrato daquele de locação é que o serviçal concorda *em fazer tudo aquilo que for permissível* para o bem-estar da sociedade doméstica, em lugar de ser comissionado para um trabalho especificamente determinado, ao passo que alguém que é contratado para um trabalho específico (um artesão ou trabalhador por jornada) não cede a si mesmo como parte dos pertences do outro e, por conseguinte, não é um membro da comunidade doméstica. Uma vez que ele não se acha na posse jurídica de um outro que o submete à obrigação de executar certos serviços, mesmo que viva na casa do outro (*inquilinus*), o chefe da casa não pode *tomar posse* dele como uma coisa (*via facti*); deve, ao contrário, instar o trabalhador a fazer o que prometeu em termos de um direito relativamente a uma pessoa, como algo que pode ordenar através de procedimentos jurídicos (*via iuris*). E basta quanto ao esclarecimento e defesa de um estranho tipo de direito que recentemente foi adicionado à doutrina do direito natural, ainda que haja estado sempre tacitamente em uso.

4. Da confusão de um direito a uma coisa com um direito relativamente a uma pessoa

Também fui censurado por heterodoxia em matéria de direito privado natural devido à proposição de que *a venda rompe a locação* (*Doutrina do Direito*, § 31).

Realmente parece, à primeira vista, conflitar com todos os direitos gerados por um contrato de aluguel que alguém pudesse comunicar a rescisão àquele que aluga sua casa antes de findar o período de residência acordado, parecendo com isso que quebra sua promessa com o locatário, contanto que lhe conceda o tempo para a desocupar que é costumeiramente concedido pelas leis civis onde eles vivem. Porém, se puder ser provado que o locatário sabia ou devia ter sabido, quando contratou a locação, que a promessa feita a ele pelo *locador*, o proprietário, naturalmente (sem a necessidade de ser enunciado expressamente no contrato) e, portanto, tacitamente incluía a condição *enquanto o proprietário não vender a casa durante esse período* (ou não ter que a passar aos cuidados dos seus credores caso caia em bancarrota), então o locador não quebrou sua promessa, que já era condicional sob o prisma da razão, não tendo sido o direito do locatário violado se foi ele comunicado da rescisão antes do vencimento da locação.

O direito que um locatário tem num contrato de locação é um direito *relativamente a uma pessoa* a alguma coisa que uma certa pessoa tem
que prestar a outra (*ius ad rem*); não é um direito relativamente a *todo*
possuidor de uma coisa (*ius in re*), não um direito a uma coisa.

Um locatário poderia, na verdade, precaver-se em seu *contrato de
locação* e procurar obter um direito a uma coisa no que concerne à casa;
poderia, especificamente, ter esse direito somente relativamente à casa
do locador *registrado* (inscrito no cartório de registro de vendas de terras), como vinculado à terra. Com isso, não poderia ter seu contrato de
locação rescindido antes do prazo combinado de vencimento da locação
pela comunicação do proprietário ou até mesmo por sua morte (sua
morte natural ou, inclusive, sua morte civil, a bancarrota). Se ele não o
fizer, quem sabe porque quisesse estar livre para concluir uma locação
em melhores termos alhures ou porque o proprietário não quis fazer
pesar sobre sua casa um tal *onus*, poderá ser concluído que, no tocante
ao tempo para o aviso da rescisão, cada uma das partes estava ciente de
que realizara um contrato sujeito à condição tácita de que este poderia
ser dissolvido se isto se tornasse conveniente (salvo pelo prazo para de-
socupação, conforme determinado pela lei civil). Certas conseqüências
jurídicas de um *simples* contrato de locação proporcionam confirmação
adicional à autorização de alguém para romper uma locação por meio
de venda, pois se um locador morre, não se atribui nenhuma obrigação
de prosseguir a locação ao seu herdeiro, visto ser esta uma obrigação
somente da parte de uma certa pessoa e que deixa de existir com sua
morte (embora o prazo legal para aviso de rescisão deva ainda ser levado em consideração nesse caso). Tampouco pode o direito de um locatário, como tal, passar ao seu herdeiro sem um contrato separado; nem,
enquanto vivas as duas partes, está o locatário autorizado a sub-locar a
alguém sem um consentimento explícito.

5. Discussão complementar do conceito do direito de punir

A mera idéia de constituição civil entre *seres humanos* traz consigo o
conceito de justiça punitiva pertencente à autoridade suprema. A única
questão é ser ou não indiferente para o legislador quais tipos de punição
são adotados, por quanto tempo se constituem medidas efetivas para a
erradicação do crime (que viola a segurança que um Estado outorga a
cada um na sua posse do que *é* seu), ou se o legislador deve ou não
também levar em conta o respeito pela humanidade presente na pessoa

176 IMMANUEL KANT
EDIPRO A DOUTRINA UNIVERSAL DO DIREITO – APÊNDICE

do criminoso (isto é, respeito pela espécie) simplesmente com base em fundamentos de direito. Eu afirmei que o *ius talionis*[126] é, por sua forma, sempre o princípio para o direito de punir posto ser ele exclusivamente o princípio que determina essa idéia *a priori* (não derivado da experiência de quais medidas seriam mais eficazes para a erradicação do crime).[127] Mas o que cabe fazer no caso de crimes que não podem ser punidos por uma retaliação, por ser isto ou impossível ou tal ato ele mesmo um crime punível contra a *humanidade* em geral, por exemplo, o estupro, bem como a pederastia ou a bestialidade? A punição para o estupro e a pederastia é a castração (como a de um eunuco branco ou negro num serralho), a da bestialidade, a expulsão permanente da sociedade civil, uma vez que o criminoso tornou a si mesmo indigno da sociedade humana. *Per quod quis peccat, per idem punitur et idem.*[128] Os crimes mencionados são qualificados como *contra a natureza* porque são cometidos contra a própria humanidade. Infligir *quaisquer* punições segundo o próprio arbítrio a esses crimes seria literalmente contrário ao conceito de *justiça punitiva*, pois a única vez que um criminoso não pode se queixar que um mal lhe é feito é quando faz retornar sua má ação sobre si mesmo, e o que é feito a ele de acordo com o direito penal é o que ele cometeu aos outros, se não em termos de sua letra, ao menos em termos de seu espírito.

6. Do direito de usucapião

"Um direito baseado em usucapião (*usucapio*) deveria, conforme os §§ 32 e seguintes, ser estabelecido pelo direito natural, pois a menos

---

126. Direito de retaliação. (n.t.)

127. Em toda punição há alguma coisa que (corretamente) ofende o sentimento de honra do acusado, uma vez que envolve coerção que se limita a ser unilateral, de maneira que sua dignidade como cidadão é suspensa, ao menos neste caso particular, pois ele é submetido a um dever externo ao qual ele, de sua parte, não pode oferecer qualquer resistência. Um homem que detenha nobreza ou riqueza que tem que pagar uma multa sente a perda de seu dinheiro menos do que a humilhação de ter que submeter-se à vontade de um inferior. A *justiça punitiva* (*iustitia punitiva*) precisa ser diferenciada da inteligência punitiva, visto o argumento para a primeira ser *moral*, em termos de ser *punível* (*quia peccatum est*), enquanto aquele para a última ser *meramente pragmático* (*ne peccetur*) e baseado na experiência do que é mais eficaz na erradicação do crime; e a justiça punitiva apresenta um *lugar* completamente diferente no tópico de conceitos jurídicos, *locus iusti*; seu lugar não é o do *conducibilis*, do que é *útil* para um certo propósito, nem o do mero *honesti*, o qual deve ser buscado na ética.

128. Aquele que comete um pecado é punido através dele e de modo idêntico. (n.t.)

que se reconheça que uma *aquisição ideal*, como é aqui denominada, seja estabelecida pela posse em boa fé, nenhuma aquisição em absoluto seria assegurada definitivamente. (E, no entanto, o próprio Kant[129] reconhece apenas a aquisição provisória no estado de natureza, e devido a isso insiste na necessidade jurídica de uma constituição civil. Eu assevero que sou o *possuidor* de alguma coisa *em boa fé*, entretanto, apenas contra alguém incapaz de provar que foi *possuidor* da mesma coisa *em boa fé antes de mim* e não deixou, por sua vontade, de ser seu possuidor.)" Esta não é a questão aqui. A questão é se posso também *asseverar* que sou o proprietário, mesmo se alguém se apresentar reivindicando ser o verdadeiro proprietário *mais antigo* da coisa, porém onde era *absolutamente* impossível saber de sua existência como seu possuidor e de estar ele de posse como seu proprietário. Isso ocorre se o reivindicador não forneceu (seja por sua própria falha ou não) nenhum indício publicamente válido de sua posse ininterrupta, por exemplo, registrando-a no cartório ou votando como proprietário incontestado em assembléias civis.

Pois a questão aqui é: quem deve provar a legitimidade de sua aquisição? Esta obrigação (*onus probandi*) não pode ser imposta ao possuidor, pois ele esteve de posse dela tão longe no passado quanto alcança sua confirmada história. De acordo com princípios do direito, aquele que reivindica ser o mais antigo proprietário da coisa é eliminado completamente da série de possuidores sucessivos pelo intervalo durante o qual ele não forneceu nenhum indício civilmente válido de sua propriedade. Esta falta de realizar qualquer ato possessório público o torna um reivindicador desprovido de um título. (Contra sua reivindicação, é possível dizer aqui, como em teologia, *conservatio est continua creatio*).[130] Mesmo se um reivindicador, que previamente não aparecera, posteriormente se apresentasse munido de documentos encontrados por ele, haveria margem para dúvida em seu caso novamente, se um reivindicador ainda mais antigo pudesse aparecer em algum dia no futuro, baseando sua reivindicação numa posse mais antiga. Finalmente, adquirir alguma coisa por usucapião (*acquirere per usucapionem*) não depende, de modo algum, da *extensão de tempo* na qual alguém possuiu a coisa, pois é absurdo supor que uma injustiça se converta num direito, pelo fato de ter persistido por muito tempo. Longe de um direito a uma coisa ser baseado no uso dela, o *uso* dela (ainda que longo) pressupõe um direito a ela. Portanto, o usucapião (*usucapio*), considerado como a aquisição de uma

---

129. No original *Hr. K.* (n.t.)
130. Conservação é criação contínua. (n.t.)

coisa através do prolongado uso dela, constitui um conceito contraditório. A prescrição como um meio de conservar a posse (*conservatio possessionis meae per praescriptionem*) não é menos contraditória, embora seja um conceito distinto, na medida em que envolve o argumento para apropriação. Quer dizer, uma base negativa, ou seja, o completo *não-uso* de direito de alguém (nem sequer o que é necessário para mostrar a si mesmo como possuidor), é considerado um *abandono* desse direito (*derelictio*), um ato jurídico, isto é, o uso do direito de um contra um outro, de modo a adquirir o objeto do possuidor mais antigo o excluindo (*per praescriptionem*) de sua reivindicação, o que envolve uma contradição.

Eu adquiro, portanto, sem apresentar provas e sem qualquer ato que estabeleça meu direito. Dispenso provas; pelo contrário, eu adquiro pela lei (*lege*). E qual a conseqüência disto? Imunidade *pública* em relação a reivindicações, ou seja, *segurança na minha posse* por força da lei, visto que não necessito produzir provas e assumo minha posição na minha posse ininterrupta. Mas o fato de qualquer *aquisição* num estado de natureza ser apenas provisória, não tem respaldo na questão da segurança da *posse* daquilo que é adquirido e que deve preceder a aquisição.

7. Da herança

No que concerne ao direito de herança, desta vez a agudeza do autor da resenha lhe faltou para que achasse o nervo da prova de minha asserção. Eu não disse (§ 34) que todo homem necessariamente aceita qualquer *coisa oferecida* a ele que pode apenas ganhar e não perder pela aceitação (pois tais coisas, de fato, não existem). Eu disse, ao contrário, que todos sempre, de fato, aceitam, inevitável e tacitamente, mas ainda assim validamente, o *direito de aceitar a oferta* no mesmo momento, a saber, quando a natureza da matéria envolve a absoluta impossibilidade da oferta ser retraída, o momento da morte do testador, pois então o promitente fica impossibilitado de retirá-la e o beneficiário da promessa, sem necessidade de proceder a qualquer ato para estabelecer o direito, é concomitantemente o aceitador, não do legado prometido, mas do direito de aceitá-lo ou recusá-lo. Quando o testamento é aberto, ele percebe que já havia naquele momento, antes de aceitar o legado, se tornado mais rico do que antes, uma vez que adquirira a *autorização exclusiva de aceitar*, o que já constitui uma circunstância enriquecedora. Embora esteja pressuposta uma condição civil para alguém que não existe mais *fazer alguma coisa pertencer a outrem*, essa transferência de posse por

INTRODUÇÃO AO ESTUDO DO DIREITO • DOUTRINA DO DIREITO

A DOUTRINA UNIVERSAL DO DIREITO – APÊNDICE

alguém que está morto não altera a possibilidade de adquirir de acordo com princípios universais do direito natural, ainda que uma constituição civil constitua o fundamento necessário para a aplicação desses princípios ao caso em pauta; quer dizer, alguma coisa deixada incondicionalmente para que a minha livre escolha aceite ou recuse é classificada como uma *res iacens*. Se o proprietário de alguma coisa a oferece a mim gratuitamente (promete que será minha), por exemplo, quando me oferece uma peça do mobiliário da casa da qual estou prestes a mudar, tenho o direito exclusivo de aceitar sua oferta (*ius in re iacente*) enquanto ele não a retirar (e se ele morre neste ínterim isso é impossível), isto é, somente eu posso aceitá-la ou recusá-la como me aprouver; e não obtenho esse direito exclusivo para efetuar a escolha através de qualquer ato jurídico especial no qual haja a declaração de que quero ter esse direito. Adquiro-a na ausência de tal ato (*lege*). Assim posso, com efeito, declarar que *não quero ter a coisa* (porque aceitá-la poderia acarretar-me uma situação desagradável com os outros), mas não posso querer ter a escolha exclusiva de fazer com que a coisa *me pertença ou não*, pois tenho esse direito (aceitar ou recusar) imediatamente a partir da oferta, sem declarar minha aceitação dela, uma vez que se pudesse recusar até mesmo a ter essa escolha, estaria escolhendo não escolher, o que constitui uma contradição. Ora, esse direito de escolher é transferido a mim no momento da morte do testador e por seu testamento (*institutio haeredis*) eu adquiro, não ainda seus pertences e bens, mas, não obstante isso, *meramente a posse jurídica* (inteligível) de seus pertences ou uma parte deles, que posso agora recusar a aceitar a favor de outrem. Conseqüentemente, essa posse não é interrompida por um momento; a sucessão passa, ao contrário, numa série ininterrupta, do homem moribundo aos seus herdeiros indicados pela aceitação destes. A proposição *testamenta sunt iuris naturae*[131] é assim estabelecida ao abrigo de qualquer dúvida.

8. Do direito de um Estado no tocante às fundações perpétuas para seus súditos

Uma *fundação* (*sanctio testamentaria beneficii perpetui*) é uma instituição que foi voluntariamente estabelecida e ratificada por um Estado, para o benefício de certos membros dela que se sucedem entre si até que tenham todos perecido. É chamada de *perpétua* se o estatuto para sua

---

131. Os testamentos são por direito de natureza. (n.t.)

manutenção estiver vinculado à constituição do próprio Estado (posto que um Estado tem que ser considerado como perpétuo). Aqueles a serem beneficiados por uma fundação são ou o *povo* em geral, ou uma parte deste unida por certos princípios especiais, ou uma certa *classe*, ou uma *família* e seus descendentes em continuidade perpétua. Um exemplo do primeiro tipo é um *hospital*; do segundo, uma *igreja*; do terceiro, uma *Ordem* (espiritual ou secular); do quarto, o morgadio.

Diz-se que tais corporações e seu *direito* de sucessão não podem ser anulados, uma vez que se tornaram, por meio de *legado*, a propriedade dos herdeiros indicados, de forma que a anulação de uma tal constituição (*corpus mysticum*) redundaria em privar alguém de seus pertences.

A

Essas instituições em benefício dos pobres, inválidos e enfermos, que foram estabelecidas às expensas do Estado (fundações e hospitais) não podem, certamente, ser extinguidas. Mas se é para dar prioridade à intenção do testamento do testador, de preferência à sua letra, poderão surgir circunstâncias no decorrer do tempo que tornem aconselhável abolir uma tal fundação, ao menos do ponto de vista de sua forma. Assim, foi considerado que os pobres e os enfermos (exceto no que diz respeito a pacientes de manicômios) são melhor cuidados e de maneira mais econômica quando são amparados com certas quantias de dinheiro (proporcionais às necessidades da ocasião), com as quais podem ter sua pensão onde quiserem, com parentes ou conhecidos, do que quando – como no hospital de Greenwich – contam com esplêndidas instituições, dotadas de pessoal dispendioso, que restringem duramente sua liberdade. Não se pode dizer neste caso que o Estado está privando o povo, que tem o direito aos benefícios dessa fundação, do que é seu; o Estado, ao contrário, está promovendo isso, ao optar por meios mais prudentes para preservá-lo.

B

O clero, que não se multiplica sexualmente (o clero católico), possui, favorecido pelo Estado, propriedades agrícolas e súditos a estas vinculados, que pertencem a um Estado espiritual (chamado de Igreja), ao qual os leigos, para a salvação de suas almas, deram a si mesmos, através de seus legados, como sua propriedade. E, assim, o clero, na qualidade de uma classe especial, tem posses que podem ser legadas legalmente de

INTRODUÇÃO AO ESTUDO DO DIREITO • DOUTRINA DO DIREITO 181
A DOUTRINA UNIVERSAL DO DIREITO – APÊNDICE EDIPRO

uma geração à seguinte e se acham adequadamente documentadas por bulas papais. Mas é possível que se suponha que essa relação com os leigos pode ser diretamente tomada do clero pelo poder absoluto do Estado secular? Não significaria isso despojar alguém, pela força, daquilo que é seu, como tentam fazer aqueles que não acreditam na república francesa?

A questão que enfrentamos aqui é se a Igreja pode pertencer ao Estado ou o Estado pertencer à Igreja, porquanto duas autoridades supremas não podem sem contradição se subordinar uma a outra. É evidente que somente a *primeira constituição* (*politico-hierarchica*) poderia subsistir por si só, pelo fato de que toda constituição civil é *deste* mundo porque é um poder terreno (de seres humanos) que, juntamente com seus resultados, pode ser confirmado na experiência. Mesmo se concedermos aos crentes, cujo *reino* é no céu e *outro mundo*, uma constituição relativa a esse mundo (*hierarchico-politica*), terão que se submeter aos sofrimentos desta época, sob a autoridade suprema de seres humanos deste mundo. Por conseguinte, cumpre se ater somente à primeira constituição.

A religião (na aparência), enquanto crença nos dogmas de uma Igreja e no poder dos sacerdotes, que são os aristocratas dessa constituição, ainda que possa ser também monárquica (papal), não pode nem ser imposta a um povo, nem dele arrancada por qualquer autoridade civil; tampouco pode um cidadão ser excluído do serviço do Estado e das vantagens advindas disso para ele, pelo fato de sua religião ser diferente daquela da corte (como fez a Grã-Bretanha com a nação irlandesa).

A fim de partilhar da graça que uma Igreja promete exibir aos crentes, mesmo depois da morte destes, certas almas devotas e piedosas estabelecem fundações em caráter perpétuo, pelas quais determinadas propriedades rurais suas devem converter-se em propriedade de uma Igreja após sua morte; e o Estado talvez se comprometa a um dever de vassalagem com uma Igreja no que tange a esta ou àquela fundação, ou, com efeito, a todas elas, de sorte que essas pessoas possam ter as orações, indulgências e penitências, pelas quais os servos da igreja designados por esse (clero) prometem que elas se darão bem no outro mundo. Mas tal fundação, supostamente instituída em perpetuidade, não é de modo algum estabelecida em perpetuidade; o Estado pode descartar-se desta carga que uma Igreja colocou sobre ele quando quiser, pois uma Igreja ela mesma é uma instituição construída meramente com base na crença, de modo que quando a ilusão oriunda dessa opinião desvanece através do esclarecimento do povo, a temida autoridade do clero nela baseada também desaparece, e o Estado, com pleno direito, assume o controle da propriedade que a Igreja arrogou a si mesma, a saber, a terra a ela concedida por meio de legados. Entretanto, os detentores feudais da instituição até então existente têm o direito de reivindicar compensação enquanto viverem.

Mesmo fundações perpétuas a favor dos pobres e instituições educacionais não podem ser fundadas em perpetuidade e constituir um perpétuo encargo sobre a terra porque possuem um certo caráter especificado pelo fundador em conformidade com suas idéias; ao contrário, o Estado precisa estar livre para ajustá-las às necessidades do tempo. Não deve causar surpresa a ninguém o fato de se tornar cada vez mais difícil tal idéia ser levada a cabo em todas as suas minúcias (por exemplo, que estudantes pobres devem suplementar um fundo educacional inadequado, beneficentemente estabelecido, cantando para obter esmolas); pois se aquele que monta a fundação for um pouco ambicioso, bem como benévolo, não desejará que uma outra pessoa a altere conforme suas idéias – desejará ser nela imortalizado, o que, contudo, não muda a natureza da matéria mesma e o direito, na verdade o dever, de um Estado de modificar qualquer fundação, se esta se opor à preservação do Estado e seu avanço para o aprimoramento. Uma tal fundação, por conseguinte, jamais pode ser considerada como estabelecida em perpetuidade.

C

A nobreza de um país que não está submetido a uma constituição aristocrática, mas a uma monárquica, é uma instituição permissível por um certo período de tempo e que pode, até mesmo, ser necessária diante das circunstâncias. Mas não se pode afirmar que essa classe possa ser estabelecida em caráter perpétuo, e que o chefe do Estado não devesse estar autorizado a suprimir inteiramente essa vantagem de classe, ou que se o fizer haja privado seus súditos (nobres) do que era *deles*, do que lhes pertencia por herança. Uma nobreza é uma fraternidade temporária autorizada pelo Estado, que precisa acompanhar as circunstâncias ditadas pelo tempo e não infringir o direito universal dos seres humanos que esteve suspenso por tanto tempo. Isto porque a posição de nobre num Estado não depende apenas da própria constituição; é somente um acidente da constituição, que pode existir só como algo inerente a um Estado (um nobre como tal é concebível somente num Estado, não no estado de natureza). Conseqüentemente, quando um Estado altera sua constituição, alguém que tenha com isso perdido seu título e privilégio não pode dizer que foi privado do que era seu, uma vez que poderia classificá-los como seus somente sob a condição dessa forma de Estado ter continuado; porém, um Estado tem o direito de alterar sua forma (por exemplo, transformar-se numa república). Ordens e o privilégio de ostentar certos sinais delas, portanto, não outorgam qualquer direito *perpétuo* de posse.

D

Finalmente, no que toca à *fundação de morgadios*, na qual alguém possuidor de bens dispõe sua herança de forma que o próximo no parentesco na série de herdeiros sucessivos deva ser sempre senhor da propriedade rural (analogamente a um Estado que apresenta uma monarquia hereditária, no qual o *senhor da terra* é determinado dessa maneira), não só pode uma tal fundação ser suprimida a qualquer tempo mediante o consentimento de todos os parentes do sexo masculino e não precisa durar perpetuamente – como se o direito de herança estivesse vinculado à terra – como não se pode dizer que causar o fim de um morgadio viola a fundação e a vontade do senhor original que o estabeleceu, seu fundador; mas um Estado também tem um direito e, com efeito, um dever nessa matéria: à medida que razões para sua transformação gradualmente se tornem aparentes, de não permitir que um tal sistema federativo de seus súditos em que eles sejam como vice-reis (análogo a dinastias e satrapias) reviva quando outrora se tornou extinto.

Conclusão

E, finalmente, o autor da resenha fez a seguinte observação acerca das idéias que apresentei sob o título "Direito Público", em relação ao que, conforme ele diz, o espaço não lhe permite expressar-se: "Pelo que sabemos, nenhum filósofo até agora admitiu esta mais paradoxal de todas as proposições paradoxais: a proposição de que a *mera* idéia de soberania deveria constranger-me a obedecer como meu senhor quem quer que haja se estabelecido como meu senhor, sem que eu lhe perguntasse quem lhe deu o direito de comandar-me. Não há diferença entre dizer que alguém deve reconhecer a soberania e a autoridade suprema e dizer que alguém deve considerar *a priori* como seu senhor esta ou aquela pessoa, cuja existência não é dada sequer *a priori*?" Ora, admitindo o *paradoxo* aqui, eu ao menos espero que, uma vez examinada a matéria mais rigorosamente, não possa ser condenado por *heterodoxia*. Espero, de preferência, que meu sagaz e cauteloso resenhador, que critica moderadamente (e quem, a despeito de sentir-se melindrado) "julga estes primeiros princípios metafísicos de uma doutrina do direito, no conjunto, um ganho para a ciência", não se arrependerá de tê-los tomado sob sua proteção contra a condenação obstinada e superficial de outros, ao menos como uma tentativa não indigna de um segundo exame.

Que alguém que descobre a si mesmo de posse do supremo poder executivo e legislativo sobre um povo deve ser obedecido; que a obediência a ele é tão juridicamente incondicional que até mesmo *investigar* publicamente o título pelo qual *ele* adquiriu sua autoridade, e assim pô-lo em dúvida com o intuito de a ele se opor, caso esse título seja julgado deficiente, já é punível; que há um imperativo categórico, *Obedece a autoridade que detém poder sobre ti* (em tudo que não entrar em conflito com a moral interior) – esta é a ofensiva proposição questionada. Mas o que parece chocar a razão do autor da resenha não é apenas *esse* princípio, que transforma um fato real (o apoderamento) na condição e base para um direito, mas também que a *mera* idéia de soberania sobre um povo me constrange, como membro pertencente a este povo, a obedecer sem previamente investigar o direito que é reivindicado (*Doutrina do Direito*, § 49).

Todo ato real (fato) é um objeto em *aparência* (para os sentidos). Por outro lado, o que pode ser representado somente pela razão pura e tem que ser computado entre as *idéias*, para as quais nenhum objeto dado na experiência pode ser adequado – e uma *constituição perfeitamente jurídica* entre seres humanos pertence a esse tipo – é a coisa em si.

Se então existe um povo unido por leis sob uma autoridade, é dado como um objeto da experiência em conformidade com a idéia da unidade de um povo *como tal* sob uma poderosa vontade suprema, ainda que seja realmente dado somente na aparência, isto é, uma constituição jurídica no sentido geral do termo, existe. E embora essa constituição possa ser portadora de grandes defeitos e falhas grosseiras, e necessite eventualmente de importantes aprimoramentos, é, não obstante isso, absolutamente interdito e punível se opor a ela. Pois se o povo sustentasse que se justifica opondo força a essa constituição, ainda que falha, e à autoridade suprema, pensaria que detém o direito de aplicar força no lugar da suprema legislação que prescreve todos os direitos, o que resultaria numa suprema vontade auto-aniquiladora.

A *idéia* de uma constituição civil como tal, que é também um comando absoluto que a razão prática, julgando conceitos jurídicos, confere a todo povo, é *sagrada* e irresistível. E mesmo que a organização de um Estado seja falha por si mesma, nenhuma autoridade subordinada nela encerrada pode resistir ativamente ao seu poder legislativo supremo; os defeitos aderidos a ela devem, ao contrário, ser gradativamente eliminados mediante reformas executadas pelo próprio Estado, pois, de outra maneira, se um súdito agir com base na máxima oposta (procedendo segundo o arbítrio desautorizado), uma boa constituição poderá passar a existir somente por um acaso cego. O comando "Obedece a autoridade que detém poder sobre ti" não indaga como essa autoridade chegou a deter esse poder (para, talvez, solapá-la), pois a autoridade que já existe, sob a qual tu vives, já está de posse do poder legislativo, e embora possas efetivamente raciocinar publicamente acerca de sua legislação, não podes erguer-te na qualidade de um legislador oponente.

A submissão incondicional da vontade do povo (a qual em si mesma não é unida, sendo, portanto, sem lei) a uma vontade *soberana* (que tudo une por meio de *uma* lei) é um *fato* que só pode desencadear-se agarrando a autoridade suprema e, assim, começando por estabelecer o direito público. Permitir qualquer resistência a esse poder absoluto (resistência que limitaria *esse* poder supremo) seria contraditório, pois neste caso esse poder supremo (que é resistível) não seria o poder supremo legal que determina em primeira instância o que deve ser publicamente direito ou não. Este princípio já está presente *a priori* na *idéia* de uma constituição civil em geral, isto é, num conceito da razão prática; e embora nenhum exemplo na experiência seja *adequado* para ser submetido a esse conceito, ainda assim nenhum exemplo deve contradizê-lo como uma norma.

GLOSSÁRIO

OBSERVAÇÃO E NOTAS

Observação: a compreensão das acepções diferenciadas que Kant atribui a vários termos correntes do vocabulário filosófico é absolutamente indispensável ao estudo e entendimento de seu pensamento. Cumpre, contudo, alertar o leitor que este é apenas um glossário *básico e sumário*. Um glossário completo do que se convencionou chamar de "terminologia kantiana" ultrapassaria, devido à sua extensão, as limitações desta edição. A propósito, Kant não empresta, inclusive, acepções fixas aos termos, ocorrendo variações conceituais (especialmente ao longo de suas diferentes obras) no próprio âmbito interno do vocabulário kantiano e mesmo duplicidade de acepções. No que respeita particularmente à *Metafísica dos Costumes*, é de se notar que o filósofo de Königsberg regularmente conceitua ele próprio os termos apresentados em destaque, o que minimiza um glossário que pretendesse contemplar mais especificamente conceitos jurídicos e éticos.

Notas

1. *Abreviaturas das obras de Kant em referência*

CRP – Crítica da Razão Pura

CRPr – Crítica da Razão Prática

CJ – Crítica do Juízo

A – Antropologia

MC – Metafísica dos Costumes

FMC – Fundamentos da Metafísica dos Costumes

FMCN – Fundamentos Metafísicos da Ciência da Natureza

L – Lógica

2. Os substantivos estão registrados com inicial maiúscula; adjetivos e verbos com inicial minúscula. Na indicação dos termos originais em alemão consideramos algumas alterações ortográficas efetuadas ou sugeridas pelos atuais editores alemães.

TERMINOLOGIA

A

absoluto (*absolut*) – diz-se de uma coisa daquilo que nela tem validade do ponto de vista de si mesma e, por conseguinte, do prisma de sua interioridade; da qualidade de alguma coisa ser válida de modo irrestrito em todos os seus aspectos. (CRP)

Analítica (*Analytik*) – estudo das formas do entendimento.

Analítica transcendental (*transzendentale Analytik*) – conhecimento das formas *a priori* do entendimento puro. (CRP)

Anfibolia transcendental (*transzendentale Amphibolie*) (o mesmo que *anfibolia dos conceitos de reflexão*) – ambigüidade produzida pela aplicação dos predicados puramente intelectuais determinados pelos conceitos de reflexão aos fenômenos sensíveis, com o fito de compreendê-los ou transcendê-los, isto à revelia das condições que caracterizam a sensibilidade. (CRP e MC).

Antinomia (*Antinomie*) – desacordo ou contradição ocorrida entre as leis da razão pura. A antinomia ocorre, ademais, no domínio da razão prática, naquele do juízo teleológico e naquele do gosto. (CRP, CRPr e CJ)

Antropologia moral (*moralische Anthropologie*) – ciência cujo objeto de estudo é o ser humano, sendo o conhecimento deste dirigido àquilo que deve produzir sabedoria para viver, em harmonia com os princípios da metafísica dos costumes.

Antropologia pragmática (*pragmatische Anthropologie*) – a ciência do ser humano dirigida àquilo que pode ser assegurado e incrementado graças à destreza humana.

192 IMMANUEL KANT
EDIPRO — GLOSSÁRIO

Antropologia teórica (*theoretische Anthropologie*) – ciência do ser humano em geral no que concerne às faculdades humanas.

Antroponomia (*Anthroponomie*) – a lei moral oriunda e resultante da razão. (MC)

Apercepção empírica (*empirische Apperzeption*) – ação de referir uma representação à consciência (percepção – *Bewußtsein*) de si. (CRP)

Apercepção transcendental (*transzendentale Apperzeption*) – consciência (percepção – *Bewußtsein*) de si. (CRP)

A *posteriori* – diz-se daquilo (particularmente cognições e conceitos) que não só se funda na experiência e desta depende, como também é *logicamente posterior* a ela. (CRP)

A *priori* (o mesmo que *puro*) – diz-se daquilo (particularmente cognições e conceitos) que não só independe da experiência, como lhe é necessariamente *anterior* do ponto de vista *lógico*. (CRP)

Arquitetônica (*Architektonik*) – sistematização teórica científica presente no conhecimento em geral.

Autonomia da vontade (*Autonomie der Wille*) – caráter da vontade pura na medida em que esta é indeterminável, salvo em função de sua própria essência. (CRPr)

C

Casuística (*Kasuistik*) – no que tange à aplicação das regras éticas às circunstâncias particulares, o questionamento e investigação dos problemas que abarcam particularidades resultantes de dita aplicação.

Categoria (*Kategorie*): conceito fundamental do entendimento puro, ou seja, a forma *a priori* do conhecimento representativa das funções essenciais do pensamento expresso no discurso. Há quatro grandes classes de categorias: *quantidade* (unidade, pluralidade, totalidade); *qualidade* (realidade, negação, limitação); *relação* (inerência e subsistência *(substância e acidente)*, causalidade e dependência *(causa e efeito)*, comunidade *(permuta entre o agir e o sofrer)*; *modalidade* (possibilidade – impossibilidade, existência – não-ser, necessidade – contingência). (CRP)

Causalidade (*Kausalität*) – a segunda categoria (da relação) na sua associação necessária à Dependência. Corresponde à causa. (CRP)

Coisa em si (*Ding an sich*) – a coisa particular enquanto subsistente em si mesma, realidade última, pensável *a priori* mas empiricamente imperceptível. Ver *Nôumenon*.

INTRODUÇÃO AO ESTUDO DO DIREITO • DOUTRINA DO DIREITO 193

GLOSSÁRIO EDIPRO

Comunidade (*Gemeinschaft*) – a terceira categoria da relação, expressa na relação de reciprocidade do agir e sofrer (ação e paixão – *poiesis kai pathos*). (CRP)

Conceito de reflexão (*Reflexionsbegriff*) – conceito pelo qual o entendimento estabelece o confronto das representações (matéria e forma, identidade e diversidade, interioridade e exterioridade, harmonia e oposição). (CRP e MC)

Conceito puro (*reine Begriff*) – todo conceito construído *a priori*, ou seja, sem qualquer concurso da experiência. (CRP)

Conflito (*Widerstreit*) – contradição na qual incorre a razão no seu empenho de descobrir um fenômeno *incondicional* que determinasse a dependência de todos os fenômenos condicionados. Ver *Antinomia*. (CRP)

construir (*konstruieren*) – representar um conceito ou relação numa intuição *a priori*. (CRP)

Contingência (*Zufälligkeit*) – a terceira categoria (oposicional à *Necessidade*) da modalidade; no quadro das categorias, a contingência é a última. (CRP)

Convicção (*Überzeugung*) – certeza de cunho lógico. (CRP)

Coragem (*Tapferkeit*) – Disposição ou faculdade moral caracterizada pela determinação e resistência diante da ação injusta do outro. Kant distingue a coragem (valor) da *Virtude*. (MC)

Cosmologia racional (*vernünftige Kosmologie*) – o elenco de problemas levantados e estudados que tocam à origem e natureza do mundo enquanto realidade.

Crença (*Glaube(n)*) – o assentimento que é suficiente somente do ponto de vista subjetivo. (CRP)

Crítica (*Kritik*) – investigação filosófica ou filosofia enquanto investigação que obedece ao seguinte roteiro sistemático: 1. valoração do objeto de estudo; 2. estabelecimento de afirmações acerca do objeto estudado e, ademais, apresentando como exigência metodológica primeiro expor e esclarecer as condições do conhecimento, para só então pretender-se produzir conhecimento.

Criticismo – termo com o qual se designa a doutrina filosófica de Immanuel Kant.

D

Deísmo (*Deismus*) – doutrina que sustenta a crença de que mediante a razão só se pode atingir a cognição da *existência* de Deus, porém não o conhecimento da natureza de Deus ou, mais propriamente, seus atributos. Ver *Teísmo*.

Dependência (*Dependenz*) – a segunda categoria (da relação) na sua associação necessária à Causalidade. Corresponde ao efeito. (CRP)

Dever estrito (*strenge Pflicht*) – dever cujas aplicações revelam precisão e são bem determinadas. Os *deveres de direito* são deveres *estritos*. (FMC e MC)

Dever lato (*weitere Pflicht*) – dever cujas aplicações carecem de precisão, encerrando um aspecto de valoração pessoal indeterminável. Os *deveres de virtude* são deveres *latos*. (FMC e MC)

Dialética (*Dialektik*) – lógica das aparências; a lógica geral como suposto *Órganon*. Kant emprega este substantivo em acepção pejorativa, chamando por vezes a *Dialética* (à qual às vezes ajunta os adjetivos *formal* (**formale**) ou *lógica* (**logische**) de "sofística dos antigos."

Dialética formal (*formale Dialektik*) – ver *Dialética*.

Dialética lógica (*logische Dialektik*) – ver *Dialética*.

Dialética transcendental (*transzendentale Dialektik*) – crítica das aparências ou ilusões lógicas.

dialético (*dialektisch*) – diz-se dos raciocínios enganosos, ilusórios ou sofísticos.

Dignidade humana (*Menschenwürde*) – princípio moral segundo o qual o ser humano deve ser tratado como um fim (*Zweck*) em si, e jamais meramente como um meio que visa a um fim distinto e externo a ele mesmo. (FMC)

direito (*recht*) – diz-se do ato que se conforma ao dever. (MC)

discursivo (*diskursiv*) – diz-se do conhecimento geral em oposição ao conhecimento do particular (intuitivo).

Dogma (*Dogma*) – proposição ou juízo sintético direto por conceitos. (CRP). Ver *Matema*.

Dogmatismo (*Dogmatismus*) – com referência à metafísica, o preconceito que consiste em dela ocupar-se sem uma prévia *crítica da razão pura*. Kant atribui um sentido negativo e pejorativo a este termo. (CRP)

INTRODUÇÃO AO ESTUDO DO DIREITO • DOUTRINA DO DIREITO   **195**
GLOSSÁRIO   EDIPRO

Doutrina da virtude (*Tugendlehre*) – doutrina (teoria) que se ocupa do princípio interno das ações humanas e da determinação dos fins morais destas. É o título da segunda grande parte da *Metafísica dos Costumes*. (MC)

Doutrina do direito (*Rechtslehre*) – doutrina (teoria) que se restringe a considerar a ordem das ações humanas exteriores. É o título da primeira grande parte da *Metafísica dos Costumes*. (MC)

E

empírico (*empirisch*) (o mesmo que *a posteriori*) – diz-se daquilo que na experiência (*empeiria*) é instaurado externamente ao próprio espírito, não tendo como origem nem as formas nem as leis deste. Opõe-se a *puro* (*a priori*).

Entendimento (*Verstand*) – a faculdade ou função do espírito humano de unir seqüencialmente as sensações e realizá-lo dentro de sistemas concatenados empregando as categorias. (CRP)

Espaço (*Raum*) – Intuição pura fundamental para a percepção do sujeito cognoscente, anterior a toda experiência. Tal como o *Tempo*, o espaço, para Kant, não é um existente e não tem realidade própria, não é um *Nôumeno* nem um *Fenômeno*, não é um conceito discursivo e, tampouco, um conceito empírico; é uma projeção intuitiva pura da consciência humana. Ver *Tempo*.

Esquema transcendental (*transzendentales Schema*) – representação intermediária que, de um lado, apresenta homogeneidade com o conceito *a priori* (ou seja, destituído de qualquer conteúdo empírico) e, de outro, apresenta homogeneidade com as percepções (no que é pertinente à ordem do sensível), admitindo conseqüentemente a subsunção de maneira indireta das percepções ou das imagens em submissão às categorias. (CRP)

Estética transcendental (*transzendentale Ästhetik*) – estudo ou investigação das formas *a priori* da sensibilidade, o que implica o estudo paralelo do tempo e do espaço. (CRP)

estético (*ästhetisch*) – que diz respeito às formas *a priori* da sensibilidade, envolvendo o tempo e o espaço.

Eudemonismo (*Eudämonismus*) – Kant restringe a acepção clássica e tradicional desta palavra (ou seja, *doutrina ética que sustenta o prin-*

cípio de que a finalidade da ação humana é a felicidade (**eudaimonia**) individual ou coletiva). Dentro da concepção ética kantiana parece ser contemplada somente a felicidade individual; na verdade, mais precisamente, o fim ético mais profundo e prevalente imerso no nosso relacionamento com o outro é *nossa perfeição* quando nos afeta e *sua felicidade* quando o afeta. (A e MC)

Existência (*Dasein*) – a segunda categoria positiva da classe da modalidade. (CRP)

F

Faculdade (*Vermögen*) – poder ou capacidade de executar certos tipos de ações. Kant limita o significado desta palavra, atribuindo-lhe conceitualmente um caráter necessária e exclusivamente *ativo* do ponto de vista do sujeito (agente), distinguindo e opondo *Faculdade* a *Receptividade* (*Empfänglichkeit*). (A) Entretanto, como ocorre amiúde, Kant nem sempre usa este termo ao longo de seus escritos em um sentido sempre idêntico e unívoco. Ele se refere alhures à *Sensibilidade* (que é receptividade) como "faculdade cognoscente inferior."

Fatum – o ocorrível por força de uma necessidade cega, graças à qual certos eventos seriam auto-determináveis e independentes das próprias causas que os houvesse produzido. (CRP)

Felicidade (*Glückseligkeit*) – satisfação da totalidade das inclinações sob três pontos de vista: o da *extensão* (implicando a multiplicidade das inclinações satisfeitas), o da *intensidade* (implicando o grau de satisfação) e o da *protensão* (implicando a duração da satisfação). (CRP)

Fenômeno (*Phänomen, Erscheinung*) – tudo aquilo que se mostra (aparece) no tempo e no espaço, ou seja, tudo aquilo que é "objeto de experiência possível", manifestando as relações que as categorias determinam. Opõe-se a *Nôumeno* ou *Coisa em si*. (CRP)

Filodoxia (*Philodoxie*) – diletantismo intelectual que consiste em suscitar, promover e inflamar as questões filosóficas sem, contudo, o propósito de perseguir e descobrir soluções científicas e de aceitação universal para elas.

Fim em si (*Zweck an sich*) – o *fim* absoluto, incondicional por contraposição aos *fins* relativos ou de intermediação, os quais são *meios* de um outro fim mais elevado; além disso, o *Fim em si* é objetivo e necessário, opondo-se aos *Fins* subjetivos e contingentes que uma vontade poderia destinar-se dando-lhes um valor particular (e não universal).

INTRODUÇÃO AO ESTUDO DO DIREITO • DOUTRINA DO DIREITO   **197**
GLOSSÁRIO   EDIPRO

Forma (*Form*) – um dos dois componentes constitutivos do conhecimento (o outro é a *Matéria (Materie)*) constituído, por sua vez, pelas leis do pensamento que estabelecem em meio aos dados sensoriais múltiplos relações que facultam captá-los e compreendê-los.

I

Idealismo empírico (*empirisch Idealismus*): teoria que considera a existência dos objetos no espaço externamente ao sujeito humano como dúbia e indemonstrável, ou falsa e impossível.

Idealismo problemático (*problematisch Idealismus*) – forma cartesiana do Idealismo empírico. Kant refuta o Idealismo empírico e propõe o Idealismo transcendental (ver na imediata seqüência).

Idealismo transcendental (*transzendental Idealismus*) – doutrina segundo a qual todos os fenômenos são considerados indiscriminadamente e sem exceção *simples representações*, não coisas em si, e tempo e espaço não passam de *formas sensíveis de nossa intuição* e não determinações dadas em si mesmas ou condições dos objetos como coisas em si. (CRP)

Idéia (*Idee*) – forma de todo pensamento por cuja percepção imediata se tem consciência desse próprio pensamento. (CRP) Ver *Representação*.

Idéia transcendental (*transzendentale Idee*) – aquilo que, no domínio do pensamento, não se origina dos sentidos e, inclusive, ultrapassa as próprias noções do entendimento.

Imperativo (*Imperative*) – do ponto de vista lógico, proposição sob a forma específica de um comando, particularmente de um comando emitido pelo espírito humano e dirigido a si mesmo.

Imperativo categórico (*kategorisch Imperative*) – imperativo no qual o comando é incondicional (exemplo: *Sê bom!*). Kant assinala a singularidade do Imperativo categórico fundamental na fórmula: "Age sempre em conformidade com uma máxima que desejarias que pudesse ser ao mesmo tempo uma lei universal." (FMC)

Imperativo hipotético (*hypothetisch Imperative*) – imperativo no qual o comando emitido se condiciona, na qualidade de *meio*, a um certo *fim* a ser atingido ou atingível (exemplo: *Estuda assiduamente, se desejas obter um futuro melhor!*)

Impossibilidade (*Unmöglichkeit*) – primeira categoria negativa da modalidade. (CRP)

Inerência (*Inhärenz*) – a existência atribuída aos acidentes da matéria (por exemplo, ao movimento como acidente da matéria). Com a Subsistência, constitui a primeira categoria da relação. (CRP)

Intuição (*Anschauung*) – visão imediata e direta de um objeto do pensamento presente no espírito e captado em sua realidade individual. (CRP)

J

Juízo analítico (*analytische Urteil*) – juízo no qual o predicado já está contido no sujeito (exemplo: *o triângulo tem três lados*). Opõe-se a Juízo sintético. (CRP)

Juízo assertórico (*assertorische Urteil*) – juízo cuja *Modalidade* é pertinente à categoria da *Existência* (segunda categoria positiva da modalidade) na sua distinção da categoria da *Necessidade* (terceira categoria positiva da modalidade). Exemplo: *a pedra é dura.* Ver *Categoria.*

Juízo indefinido (*unendlische Urteil*) – juízo que exprime afirmação, mas com predicado negativo (exemplo: *a soberania da vida é não morrer*).

Juízo limitativo (*beschränkende Urteil*) – o mesmo que *Juízo indefinido.*

Juízo problemático (*problematische Urteil*) – juízo no qual admite-se a afirmação ou a negação apenas como possibilidade (exemplos: *a redução dos juros pode ser a solução; talvez ele não esteja doente*).

Juízo sintético *a posteriori* (*synthetische a posteriori Urteil*) – juízo cujo predicado não se acha implícito no sujeito e se funda na experiência (exemplo: *a água do rio está fria*).

Juízo sintético *a priori* (*synthetische a priori Urteil*) – juízo cujo predicado não está implícito (contido) no sujeito e independe da experiência (exemplo: *Deus é infinito*).

L

Lei moral (*Sittengesetz*) – formulação ou enunciado do princípio de ação universal e obrigatória que serve de diretriz aos atos de todo ser racional na consecução de sua autonomia. (CRPr)

Limitação (*Limitation*) – a terceira categoria da qualidade.

Lógica (*Logik*) – ciência das leis necessárias do entendimento e da razão em geral. (L)

INTRODUÇÃO AO ESTUDO DO DIREITO • DOUTRINA DO DIREITO 199
GLOSSÁRIO EDIPRO

Lógica transcendental (*transzendentalen Logik*) – lógica na qual se isola o entendimento, retendo-se da cognição somente a parte do pensamento cuja fonte única é o entendimento. (CRP)

Lugar transcendental (*transzendentaler Ort*) (o mesmo que *Tópico transcendental*) – lugar destinado a um conceito ao referi-lo ao entendimento ou à faculdade sensorial. (CRP)

M

Matema (*Mathema*) – proposição sintética por construção de conceitos. (CRP). Ver *Dogma*.

Matéria (*Materie*) – Kant utiliza este termo basicamente em duas acepções, quais sejam: 1. o conjunto dos dados concretos formadores do conteúdo do pensamento (acepção gnosiológica na qual Kant opõe Matéria à Forma); (CRP). 2. tudo aquilo que se move no espaço (acepção física). (FMCN)

Máxima (*Maxime*) – regra de conduta dotada de validade (do ponto de vista do indivíduo humano que a adota) que contempla sua própria vontade, sem conexão com as vontades alheias. (MC)

Metafísica (*Metaphysik*) – Kant empresta quatro sentidos a esta palavra no conjunto de sua obra, sendo o primeiro o mais importante e o mais empregado e o quarto o menos importante e menos empregado.

1. Conjunto de conhecimentos obtidos graças exclusivamente à razão pura (ou seja, a faculdade de conhecer *a priori* mediante conceitos, sem o concurso dos dados empíricos ou das intuições do tempo e do espaço). Nesta acepção K. utiliza o vocábulo aplicando-o à parte *construtiva* da filosofia, que se distingue e se opõe à parte *crítica*.

2. Conjunto de todo o conhecimento filosófico puro, incluindo o *conhecer* constituído pela *Crítica* (ver este termo).

3. Teoria dos artigos de fé da razão.

4. Os princípios que servem como reguladores do discurso científico.

metafísico (*metaphysisch*) – diz-se daquilo que genericamente constitui o conhecimento puro e especificamente o juízo moral *a priori*. Kant deslocou este adjetivo, bem como o substantivo correspondente (*Metafísica*), do plano e disciplina que ocupavam na filosofia prékantiana (com origem na filosofia antiga grega), ou seja, a ontologia, para a gnosiologia.

Modalidade (*Modalität*) – a quarta grande classe de categorias (ver *Categoria*). A Modalidade concerne ao aspecto funcional dos juízos (juízo apodíctico, juízo assertórico, juízo problemático), aos quais correspondem *três pares de conceitos do entendimento* denominados *Categorias da Modalidade*, a saber, Possibilidade (*Möglichkeit*) – Impossibilidade (*Unmöglichkeit*), Existência (*Dasein*) – Não-ser (*Nichtsein*) e Necessidade (*Notwendigkeit*) – Contingência (*Zufälligkeit*).

Multiplicidade (*Vielheit*) – segunda categoria da quantidade. (CRP)

N

Não-ser (*Nichtsein*) – segunda categoria negativa da modalidade. (CRP)

Necessidade (*Notwendigkeit*) – a terceira categoria positiva da modalidade. (CRP)

Negação (*Negation*) – segunda categoria da qualidade. (CRP)

Nôumeno (*Noumenon*) – realidade inteligível imanifesta em oposição à realidade sensível manifesta (a realidade que é desvelada aos sentidos, isto é, o Fenômeno) e, por conseguinte, a Coisa em si.

P

Paixão (*Leidenschaft*) – inclinação ou tendência acompanhada de estados afetivos, intelectivos e imagens que é suficientemente intensa, potente e duradoura para exercer domínio sobre o espírito.

passional (*leidenschaftlich*) – o mesmo que *patológico* (ver a seguir).

patológico (*pathologisch*) – que diz respeito aos sentimentos e, mais especificamente, às paixões.

Percepção (*Bewußtsein*) – consciência empírica, isto é, consciência na qual ocorre concomitantemente sensação. (CRP)

Possibilidade (*Möglichkeit*) – primeira categoria positiva da modalidade. (CRP)

Postulado (*Postulat*) – proposição teórica, mas indemonstrável como tal na medida em que está indissoluvelmente unida a uma lei prática incondicionalmente válida *a priori*. (CRPr)

Predicamentos (*Prädikamente*) – o mesmo que Categorias.

Predicáveis (*Prädicabilien*) – conceitos *a priori*, mas não originários e sim derivados, que são deduzíveis dos predicamentos ou categorias.

Princípio imanente (*immanente Prinzip*) – princípio aplicável estritamente nos limites da experiência possível. (CRP)

Prolegômenos (*Prolegomena*) – exposição inicial de uma doutrina ou ciência à guisa de intróito à discussão completa e aprofundada de uma ou outra. É exemplo disto a obra de Kant intitulada *Prolegomena zur jeden künftigen Metaphysik* (Prolegômenos a toda Metafísica Futura).

Propedêutica (Propädeutik) – uma ciência (especialmente a Lógica) cujo estudo constitui instrumento necessário para a realização do estudo de outra ciência. Este conceito kantiano, a rigor, está calcado no próprio conceito original aristotélico. Para Aristóteles, entretanto, só existe *uma* propedêutica: a Lógica, que *não* é ciência, mas meramente instrumento, ferramenta (o que ele chamou de *Analítica* e posteriormente foi chamado de *Órganon*) indispensável a toda ciência.

Prova fisicoteológica (*physicotheologischer Beweis*) – argumento a favor da existência de Deus criado com base nos caracteres exibidos pelo mundo físico, quais sejam, o *cósmico* (a ordem), o *teleológico* (a finalidade) e o *estético* (a beleza). Este argumento kantiano é reforçado principalmente pela própria impossibilidade de afirmar que tais caracteres sejam produto do acaso.

Prudência (*Klugheit*) – habilidade para escolher os meios conduzentes ao próprio bem-estar e ao incremento deste. (FMC)

puro (*rein*) – Kant atribui basicamente duas acepções a este adjetivo:

1. que diz respeito ao conhecimento não mesclado a nada que lhe é estranho (CRP);

2. que diz respeito ao conhecimento inteiramente independente e isento de qualquer experiência ou sensação (o mesmo que *a priori*).

Q

Qualidade (*Qualität*) – a segunda das grandes classes das categorias (realidade, negação e limitação). (CRP)

Quantidade (*Quantität*) – a primeira das grandes classes das categorias (unidade, multiplicidade e totalidade). (CRP)

R

Racionalismo (*Rationalismus*) – sistema de princípios de caráter universal e necessário (*não* princípios particulares e contingentes) que serve à organização dos dados da experiência.

Razão (*Vernunft*) – Kant atribui três sentidos diferentes a este termo:

1. (sentido genérico) tudo aquilo que no âmbito do pensamento é *a priori* e não tem origem na experiência;

2. (sentido lato) faculdade intelectual que produz os princípios do conhecimento puro;

3. (sentido restrito e específico) faculdade superior no exercício do pensar, responsável pelos conceitos especiais de alma, mundo e Deus.

Razão prática (*praktische Vernunft*) – a razão enquanto considerada detentora do princípio *a priori* da ação, ou seja, a regra moral. (CRPr)

Razão pura (*reine Vernunft*) – a razão enquanto considerada detentora dos princípios capazes de permitir a produção do conhecimento de um objeto de modo exclusivamente *a priori*, ou seja, sem o concurso ou a mediação da experiência.

Realidade (*Realität*) – a primeira categoria da qualidade. (CRP)

Reflexão (*Überlegung*) – percepção ou consciência da relação de certas representações dadas com nossas distintas fontes de conhecimento.

Reflexão transcendental (*transzendentalen Überlegung*) – operação graças a qual a comparação, ou mais precisamente o *vínculo existente entre diversas representações*, é investigado, apurando-se se este vínculo deve ser referido à intuição sensível *ou* ao entendimento puro.

Relação (*Relation*) – a terceira grande classe das categorias. (CRP)

Representação (*Vorstellung*) – Christian Wolff, um dos filósofos que exerceram influência no "jovem Kant", trouxe a palavra *Vorstellung* à linguagem filosófica com o sentido mesmo de *idéia* ou *imagem* "*mental*". Os filósofos alemães que o sucederam a adotaram nesta acepção, inclusive Kant e Schopenhauer (*Die Welt als Wille und Vorstellung – O Mundo como Vontade e Representação*). Embora já consagrada nas traduções para as línguas latinas *nesse sentido*, a palavra *representação* como sinônimo de *idéia* é vista com certas restrições e tida como um tanto inconveniente por certos estudiosos da linguagem filosófica.

Representação cética (*skeptische Vorstellung*) – com referência às antinomias, método que consiste em demonstrar que quer se adote a *tese* ou a *antítese*, desemboca-se em um *não-sentido,* uma vez que o mundo assim concebido é sempre *ou* maior *ou* menor do que o conceito (concepção) por meio do qual o pensamos. (CRP)

Respeito (*Achtung*) – sentimento gerado mediante o reconhecimento de um valor moral numa pessoa humana ou em um ideal. (CRPr e MC)

Rigorismo (*Rigorismus*) – doutrina que em matéria moral não se dispõe a admitir ações indiferentes ou atribuir um valor moral às ações humanas que não são motivadas pelo acato à lei.

S

Santidade (*Heiligkeit*) – estado caracterizado pela posse de uma pureza perfeita das disposições da vontade no qual o ser humano realiza o bem por força de inclinação e amor. (CRPr) Kant distingue enfaticamente entre *Santidade e Virtude* (*Tugend*), pois nesta última inexiste uma pureza perfeita e espontânea, o ser humano *virtuoso* realizando o bem por força do dever e acato à lei, agitado pelo conflito com as tendências de suas sensações.

Sensibilidade (*Sinnlichkeit*) – capacidade de receber representações dos objetos de acordo com o modo como nos afetam. (CRP)

Sentido interior (*innerer Sinn*) – faculdade pela qual o espírito se intui a si mesmo ou intui seu estado interior. (CRP)

Sentido moral (*moralischer Sinn*) – faculdade que permite distinguir com segurança de maneira intuitiva o bem e o mal, mormente ao se considerarem os fatos concretos.

simples (*bloß*) – diz-se daquilo que não encerra elementos complementares ou adicionais. Este conceito é distintamente utilizado já no título de uma das obras de Kant: *Die Religion innerhalb der Grenzen der bloßen Vernunft* (*A Religião nos Limites da Simples Razão*).

Síntese (*Synthesis*) – mais genericamente a ação de unir reciprocamente várias representações e de conceber sua multiplicidade sob a forma de um conhecimento único.

soberano (*höchst*) – na CRP Kant atribui duas acepções a este adjetivo *no superlativo* (irmanadas em um duplo sentido), indicando-as mediante dois vocábulos distintos (o que não é tecnicamente possível em português). Vejamos.

1. soberano (*oberst*) – o mais elevado (*supremum*), isto é, relativo à condição incondicionada que não está submetida a nenhuma outra (*originarium*);

2. soberano (*vollendet*) – o mais consumado (*consummatum*), isto é, relativo ao todo que não é uma parte de um todo ainda maior da mesma espécie (*perfectissimum*).

Soberano (*Souverän*) – na MC (mais precisamente na parte da Doutrina do Direito), Kant se vê às voltas com a acepção *política* deste substantivo, mas utiliza alternadamente vocábulos diferentes ao lidar com um conceito aparentemente idêntico, como se os vocábulos apresentassem suficiente e relativa sinonímia, quais sejam o latino *Souverän* e os anglo-saxônicos *Herrsher* e *Beherrscher*. Neste caso, contudo, do ponto de vista semântico, Kant não instaura acepções efetivamente novas e distintas das usuais acepções emprestadas conceitualmente à palavra Soberano.

Solipsismo (*Solipsismus*) – Kant atribui dois sentidos intimamente imbricados (pois o primeiro abarca tecnicamente o conceito do segundo) a este termo herdado de Wolff:

1. (sentido lato) o amor de si próprio (*Selbstliebe*);

2. (sentido estrito) o egoísmo (*Selbstsucht*) e a arrogância (*Hochmut – superbia*). (CRPr e MC)

Sonho (*Traum*) – Kant acolhe este termo estranho à filosofia, atribuindo-lhe um sentido figurativo: pensamento que, ao mesmo tempo, não encerra consistência interna e não se coaduna com a realidade. Ver o texto de Kant *Die Träume eines Geistersehers erläutert durch die Träume der Metaphysik* (Os *Sonhos* de um Visionário esclarecidos pelos *Sonhos* da Metafísica).

Subsistência (*Subsistenz*) – a existência da substância. Com a Inerência constitui a primeira categoria da relação. (CRP)

Substância (*Substanz*) – conceito puro gerado pela forma do juízo categórico, na medida em que afirma ou nega um predicado tocante a um sujeito. Em sua vinculação com o acidente constitui *Inerência e Subsistência*, a primeira das categorias da relação.

T

Teísmo (*Theismus*) – doutrina que sustenta como crença a capacidade de determinar *por analogia* a natureza de Deus, ou seja, seus atributos. Ver *Deísmo*.

INTRODUÇÃO AO ESTUDO DO DIREITO • DOUTRINA DO DIREITO   205
GLOSSÁRIO   EDIPRO

Tempo (*Zeit*) – representação necessária presente no fundamento da totalidade das intuições. Quanto ao mais, como o espaço, o tempo é intuição sensível necessária e universal projetada pelo sujeito humano consciente e cognoscente, sem existência própria e realidade.

Teologia moral (*Moraltheologie*) – Kant emprega esta expressão com duas acepções ligadas à moral:

1. Doutrina teológica que se ocupa de demonstrar a existência de Deus com fundamento nos fins morais humanos; (CJ)

2. Parte da teologia que determina os deveres morais do ser humano em função da vontade de Deus. (CJ)

Tese (*Thesis*) – primeiro componente e proposição dogmática das antinomias.

Teurgia (*Theurgie*) – ilusão exaltada caracterizada pela crença de que se pode experimentar a presença de outros seres supra-sensíveis e exercer sobre eles, inversamente, uma influência. (CJ) A acepção kantiana é essencialmente aquela negativa da acepção usual de teurgia (alta magia que envolve o uso, em suas operações, do poder de Deus ou dos seres espirituais excelsos sobre a natureza).

Tópica transcendental (*transzendentale Topik*) – determinação do *tópico transcendental* que é apropriado designar ou destinar a cada um dos conceitos em função dos diversos usos a que se prestam, bem como a indicação paralela das regras que permitem a elaboração de tal determinação a serviço de todos os conceitos. (CRP)

Tópico transcendental (*transzendentalen Ort*) – o mesmo que *Lugar transcendental*.

Totalidade (*Allheit*) – terceira categoria da quantidade, que precisamente sintetiza as duas primeiras categorias da quantidade, quais sejam, a Unidade (*Einheit*) e a Multiplicidade (*Vielheit*). (CRP)

transcendental (*transzendental*) – Kant emprega este importantíssimo adjetivo originariamente para designar um conhecimento, estando o mesmo, portanto, regularmente disseminado nas suas Analítica, Dialética, Estética, Lógica, etc. Mas não há uma acepção única deste termo em Kant, ainda que as acepções da palavra sejam intimamente correlatas. Vejamos:

1. diz-se daquilo que é uma *condição a priori* e não um dado empírico;

2. diz-se de toda investigação que colima as formas, princípios ou idéias puras (*a priori*) na sua relação necessária com a experiência. (CRP)

Kant opõe *transcendental* alternadamente a *empírico*, *transcendente* e *metafísico*.

transcendente (*transzendent*) – diz-se daquilo que ultrapassa (transcende) toda experiência possível, com referência seja a princípios do conhecimento (gnosiologia), seja a realidades e seres (ontologia). (CRP)

U

Unidade (*Einheit*) – a primeira categoria da quantidade e *primeira* de todas as categorias. (CRP)

V

Verdade formal (*formale Wahrheit*) (o mesmo que *Verdade lógica*) – verdade constituída tão-só pela harmonia interna do conhecimento na sua própria esfera, abstraindo-se cabalmente a totalidade dos objetos e toda diferença que os distinga. (L)

Verdade lógica (*logische Wahrheit*) – o mesmo que *Verdade formal.*

Verdade material (*materiale Wahrheit*) – característica de uma proposição verdadeira em si mesma (independentemente do contexto em que se encontre).

Virtude (*Tugend*) – disposição constante (alimentada pelo empenho e a coragem) na volição do bem e no hábito de praticá-lo. (MC) Kant retira a Coragem (*Tapferkeit* – *fortitudo*) do tradicional quadro das virtudes morais, distinguindo-a da Virtude (ver *Coragem*).

GRÁFICA PAYM
Tel. (011) 4392-3344
paym@terra.com.br